MAMMA
PER LA PRIMA VOLTA

La guida pratica per neomamme per
affrontare la gravidanza, il parto e i primi
mesi

Cristina Delcanto

SOMMARIO

Introduzione

Per molte madri in attesa del primo figlio, l'idea del parto e del travaglio è una prospettiva terrificante. Se da una parte, le madri che ci sono già passate dicono che una volta che il bambino è tra le tue braccia il ricordo del dolore va via, dall'altra questa affermazione non tranquillizza di certo le paure delle donne in attesa del parto. Dunque, la cosa migliore che una futura mamma può fare è prendere coraggio e imparare tutto ciò che può prima del grande giorno.

La gravidanza media dura tra le 38 e le 42 settimane e molto spesso le classi preparto sono disponibili solo durante l'ultimo trimestre. Prima di questo momento, però, una madre ha molte opzioni a sua disposizione per conoscere tutto "il processo" a cui andrà incontro.

Diventare madre per la prima volta può essere un'esperienza gratificante e travolgente al tempo stesso, ma bisogna anche tenere conto del fatto che le madri "primipare" spesso non hanno ancora l'esperienza giusta o le conoscenze sufficienti per prendersi cura adeguatamente del loro neonato. Queste conoscenze ed esperienze, ovviamente, si apprendono lungo la strada.

La cura del neonato fa parte delle responsabilità associate alla maternità e per le neomamme questa responsabilità può essere a volte spaventosa. Non avendo ancora quell'esperienza di prima mano sulla cura dei neonati, queste tendono a chiedere alle madri esperte alcuni suggerimenti, consigli e altre informazioni.

Dal momento che i neonati trascorrono la maggior parte del loro tempo a mangiare e dormire, le madri dovranno assicurarsi che i loro bambini siano al sicuro e protetti da qualsiasi pericolo. Ad esempio, le culle dei neonati dovrebbero essere libere da giocattoli, coperte e altre cose che potrebbero causare soffocamento. È anche importante che i bambini non vengano mai lasciati senza supervisione sulla sdraietta, sui seggiolini o sulle altalene, poiché i materiali con cui questi oggetti sono costruiti spesso possono causare danni alla testa.

I neonati, di solito, vengono lavati pochi giorni dopo la nascita. Per sicurezza, le madri dovrebbero chiedere indicazioni al pediatra, il quale indicherà loro il giorno più adeguato al "primo bagnetto". Il bambino, avendo poche settimane, dovrà essere lavato con un panno o acqua tiepida, mentre ci si dovrà assicurare che il cordone ombelicale non si bagni. Quest'ultimo, invece, potrà essere pulito usando un cotton fioc immerso nell'alcool. Ovviamente, non si dovrà mai lasciare il bambino da solo durante il bagnetto per evitare pericoli.

Con il permesso del pediatra, le mamme potranno anche aiutare i loro neonati a svolgere esercizi ginnici che li porteranno a sviluppare coordinazione muscolare e forza; questi momenti, inoltre, contribuiranno a sviluppare il legame madre-figlio.

Oltre a badare ai loro bambini appena nati, però, le madri dovrebbero anche concentrarsi sul prendersi cura di se stesse. Anche se spesso accudire i neonati richiede una grande quantità di tempo, le mamme non dovrebbero dimenticare di coccolarsi: il riposo è fondamentale sia per la propria serenità, sia per quella del bambino.

Prendersi cura del piccolo può essere estenuante, ecco perché diventa importante chiedere l'aiuto del partner, di amici o familiari per poter affrontare al meglio i vari problemi lungo la strada. Quando possibile, questi potrebbero partecipare a turno alle esigenze del bambino e, l'ideale, sarebbe condividere le responsabilità della cura della casa. Inoltre, per risparmiare denaro per la nursery, i neo-genitori dovrebbero prendere in considerazione solo l'acquisto di cose essenziali, come vestiti per bambini, biberon e pannolini.

Avere un bambino in casa richiede tempo, molti sacrifici e può essere un'esperienza travolgente per chi l'affronta per la prima volta, soprattutto se i genitori non sono ben preparati. Infatti, per quanto meraviglioso sia, diventare un genitore per la prima volta riserva anche le sue sfide: attraversare una transizione importante con poco sonno e senza il beneficio dell'esperienza è un ostacolo che preoccupa tante piccole famiglie. Ma ci si regola: col tempo la fiducia cresce e le ore di sonno lentamente si estendono, sicché ci si potrebbe perfino sentire in grado di espandere nuovamente il nido. Quando questo accade, non ci si deve sorprendere se tutto dovesse sembrare meno intenso. Diventare madre per la prima volta è un'esperienza unica, sia fisicamente che emotivamente, e va assaporata dall'inizio alla fine.

Cristina Delcanto

Diario di gravidanza

Prima di continuare la lettura, lascio qui di seguito il QR Code da scannerizzare per avere accesso a questo meraviglioso regalo.

Verrai reindirizzata ad un sito web di benvenuto, dove ti basterà inserire semplicemente il tuo nome ed indirizzo mail. Riceverai immediatamente il link per scaricare.

Lo so, lo so, siamo tutte un po' pigre e tendiamo a rimandare. C'è a chi non piace scrivere, chi non è abituata usare il computer. Pensa, però, a quanto sarebbe fantastico annotare i progressi che fai man mano che questo viaggio continua; scattare delle foto alla pancia che cresce settimana dopo settimana; segnarsi i piccoli traguardi che raggiungi; i cibi di cui ti veniva una voglia matta; e conservare, dunque, tutte le nostre emozioni in un unico posto, trascrivendole nel diario che un giorno potrai rileggere. È sufficiente ritagliarsi qualche minuto di tempo.

Il diario è infatti un grande facilitatore della memoria, perché ti inviterà e stimolerà a riflettere su ciò che è accaduto per trarre un grande insegnamento, o semplicemente, per rivivere (e magari raccontare) in futuro un grande momento di gioia.

Custodire in unico raccoglitore i tuoi pensieri e preservare le tue migliori fotografie per creare un grande *collage*, ti permetterà inoltre di non rimanere ancorato al cellulare, e non perdere il fascino della buona cara e "vecchia" carta.

Un bambino riempie un posto nel tuo cuore che prima non sapevi fosse vuoto.

CAPITOLO 1

Consigli indispensabili

Vuoi rimanere incinta, o almeno è quello che stai pianificando con il tuo partner, ma non sai come comportarti o hai alcune domande su cosa accadrà a te, al tuo corpo e alla tua vita quando succederà davvero? Se questo è il tuo caso, innanzitutto: congratulazioni! Decidere di formare una famiglia è un'esperienza meravigliosa, dunque sii felice e goditi questo momento. Dopo le dovute felicitazioni, però, tieni nota di alcuni step da percorrere prima di decidere di mettere in moto la macchina della procreazione:

- Fai una visita ginecologica e parla con il tuo medico curante delle tue intenzioni: lui o lei consiglierà di fare alcuni esami, sia a te che al tuo partner, per assicurarsi che sia tutto in regola per poter procedere. Forse ti sembrerà macchinoso, ma è importante verificare che entrambi godiate di buona salute, sia attualmente, che nel vostro corredo genetico.
- Effettua i test per rosolia, varicella, toxoplasmosi e papilloma virus: queste informazioni saranno fondamentali per poter proseguire la gravidanza senza stress e preoccupazioni. Inoltre, conoscere gli esiti di questi esami ti permetterà di goderti i tuoi animali domestici in tranquillità (con le dovute precauzioni).

- Ricostruisci la tua anamnesi familiare: come già detto, essere al corrente delle patologie (genetiche, conosciute o non conosciute) è importantissimo per assicurarsi una gravidanza e un bambino sano. In questo modo, seppure non sia nemmeno stato "creato" ancora, puoi avere l'occasione di proteggere il tuo bambino! Fatti consigliare dal tuo ginecologo e segui le sue indicazioni.

Il tuo medico ti farà, in seguito o prima degli esami del sangue, alcune domande, tra cui:

- L'età di entrambi i futuri genitori
- La presenza o meno di eventuali precedenti gravidanze e/o aborti
- L'età del tuo primo ciclo mestruale (con relative domande sulla regolarità, flusso, ecc.)
- Pap test effettuati
- Vaccini effettuati e non effettuati
- Allergie
- Patologie familiari esistenti
- Malattie infettive già avute
- Medicine e farmaci che state entrambi assumendo
- Consumo di alcol, droghe, sigarette

A seguito del colloquio, gli esami che potresti voler fare a questo punto, sono:

- Ecografia transvaginale e addominale, per controllare utero, ovaie, canale vaginale
- Esami per la fertilità e il dosaggio ormonale
- Esame delle urine (per vedere eventuali infezioni in corso)
- Controllo dei reni

 12

- Test di Coombs, che ti indicherà eventuali rischi di incompatibilità tra te il tuo futuro bambino. In caso di positività, seguirai l'immunoprofilassi se dovessi sottoporti a procedure invasive, come l'amniocentesi (prelievo di una piccola quantità di liquido amniotico) e alla fine della gravidanza
- Screening sifilide (trattabile con la penicillina)
- Ricerca nel sangue degli anticorpi per malattie esantematiche (morbillo, rosolia), toxoplasmosi, citomegalovirus, epatite A, B e C, sifilide, HIV
- Emocromo
- Esame del gruppo sanguigno e fattore RH: nello specifico, questo esame veloce e indolore ti permette di determinare il gruppo sanguigno e il fattore Rh, o negativo o positivo, tuo e del bambino. Avere quest'informazione è importante perché un fattore Rh negativo nella mamma può scatenare molti rischi per il feto - se Rh positivo -, come anemia, edema, lesioni cerebrali. La differenza di Rh tra feto e madre scatena gli anticorpi materni contro la proteina del bambino, che non riconosce. Se dovessi essere Rh positivo non c'è problema, se fossi invece Rh negativo e il padre fosse positivo, allora dovrai fare dei controlli dal secondo mese di gravidanza. Se il bambino risultasse Rh negativo, come te, non ci saranno problemi di cui dovrai preoccuparti.

In ogni caso, segui le indicazioni del tuo medico!

Potresti voler effettuare anche dei test per la fertilità. Ci sono vari ormoni che entrano in gioco quando si parla di riproduzione, e sono principalmente due: gli ormoni gonadotropine, LH e FSH, che agiscono sulle ovaie.

 13

L'ormone luteinizzante LH agisce sugli organi riproduttivi e scatena l'ovulazione e dunque la produzione di progesterone ed estrogeni dopo l'ovulazione. I valori normali nel sangue variano durante il ciclo, per cui fai riferimento al tuo medico in caso di dubbi. Un valore alto di questo ormone può indicare amenorrea o ovaio policistico.

L'ormone FSH permette lo sviluppo del follicolo ovarico e, come per l'ormone LH, i suoi valori variano durante il ciclo e ogni laboratorio di analisi può avere *range* personali di normalità. Un valore alto, ad ogni modo, può indicare una produzione di ovuli ridotta.

Il test ormonale follicolo stimolante FSH può essere fatto qualora vi fossero dubbi sulla percentuale di fertilità della madre, in caso di amenorrea o mancata procreazione, e per controllare la corretta funzionalità degli organi riproduttivi. Ricordati: è consigliato fare questo test solo se hai gravi difficoltà a concepire.

Ora che hai effettuato tutte le analisi del caso, puoi iniziare a darti da fare. Per confermare una gravidanza, puoi fare un test a casa, reperendolo sia in farmacia che al supermercato (facendo la pipì sulla piccola stanghetta), ma ricorda: questi test hanno un'affidabilità del 90%. Se vuoi essere sicura, fai le analisi del sangue per il dosaggio dell'ormone Beta-Hcg, anche detto ormone della gravidanza. Questo ti dirà se sei incinta con estrema precisione, ma ricordati che il Beta-Hcg decresce velocemente dopo la 10° settimana di gravidanza.

Per quanto riguarda, invece, gli esami da fare in gravidanza, ecco una lista di quelli gratuiti garantiti dallo Stato italiano:

- La prima ecografia è l'ecografia morfologica al secondo trimestre. Quella del terzo trimestre è gratuita qualora il ginecologo ritenesse vi siano complicazioni per il feto o per la mamma.

- Il vaccino antinfluenzale autunnale, prima dell'arrivo dell'influenza stagionale: non solo è raccomandato, ma è anche gratuito per le donne dal 2° trimestre di gravidanza.
- Nei casi di minaccia di aborto, tutte le prestazioni per il monitoraggio del bambino e della sua corretta evoluzione.
- I corsi preparto.
- Sedute psicologiche per qualsiasi tipo di disagio emotivo.

Oltre a tutto ciò, cosa puoi fare, prima della nascita, per dare a tuo figlio le migliori opportunità per un inizio di vita sano? Innanzitutto, crea un ambiente prenatale compatibile con le vostre esigenze fisiche ed emotive. Anche se il bambino non è ancora entrato nel mondo, cresce e si sviluppa in modi incredibilmente diversi durante tutta la gravidanza. Ad esempio:

- A nove settimane un feto può singhiozzare e reagire a forti rumori
- Entro la fine del secondo trimestre, un bambino può sentire e persino riconoscere la voce della madre nella pancia
- Nella pancia della mamma, un bambino muove la testa, il viso e gli arti più di 50 volte ogni ora
- La parte più complessa del cervello di un bambino si sta già sviluppando dopo solo cinque settimane
- I bambini nel grembo materno amano ascoltare le storie e preferiscono che alcune di queste vengano lette ripetutamente, soprattutto quando contengono personaggi con personalità forti e trame coerenti.

Secondo i professionisti del settore, il bambino che cresce nel grembo materno è molto più che un organismo insensibile. In realtà, è molto simile a uno studente. Per questo, forse, l'aspetto più importante dell'educazione prenatale è il saper creare un ambiente sano per il bambino durante la gravidanza. Ovviamente, tutti i genitori sperano e sognano di avere un bambino in salute e possono contribuire a far sì che ciò avvenga imparando a evitare potenziali problemi durante la gravidanza.

Ecco cinque aspetti fondamentali da considerare per creare una sana esperienza di gravidanza:

- ✓ Imparare a gestire le preoccupazioni per la salute personale
- ✓ Praticare comportamenti sani
- ✓ Soddisfare le esigenze nutrizionali
- ✓ Aumentare la propria conoscenza dello sviluppo del bambino
- ✓ Ridurre lo stress e prepararsi alla nascita del bambino.

1. Gestisci le preoccupazioni riguardo la salute personale

Mantenere la propria salute personale è la chiave per avere una gravidanza sana e un ambiente prenatale positivo per il nascituro. Alcuni neogenitori nutrono spesso delle preoccupazioni (magari sulla vita quotidiana) che dovranno imparare a gestire durante la gravidanza. Ecco alcuni consigli per farlo:

- Trova e affidati a un assistente sanitario quanto prima per imparare il necessario sulla tua salute e quella del bambino

 16

- Cerca attivamente informazioni e segui le istruzioni del tuo medico o degli altri assistenti sanitari per mantenerti in salute durante la gravidanza
- Scopri la storia medica della tua famiglia: cerca di capire se esistono, nella tua famiglia o in quella del tuo compagno, precedenti di problemi durante la gravidanza o difetti alla nascita dovuti, ad esempio, a malattie ereditarie. Discuti eventuali problemi o dubbi con il tuo medico e/o ginecologo
- Se possibile, impegnati per raggiungere un peso adeguato prima di rimanere incinta
- Cerca di gestire problematiche mediche esistenti: se attualmente hai qualche condizione che richiede la tua attenzione, come il diabete, l'epilessia, la pressione alta, malattie cardiovascolari, depressione o altri problemi, impara cosa devi fare per gestirle *prima* della gravidanza. Questo è importante, perché potresti aver bisogno di indicazioni per i farmaci che puoi o non puoi assumere durante la gravidanza. Inoltre, potrebbe essere necessario apportare modifiche alla tua routine medicinale.
- Scopri i potenziali rischi per la salute: l'esposizione a malattie come il morbillo, la parotite o la rosolia durante la gravidanza può mettere a rischio il nascituro. Parla con il tuo assistente sanitario su come proteggerti.

2. Pratica comportamenti sani

La pratica di comportamenti sani può dare sia a te, sia al tuo bambino una mano per assicurarvi un grande inizio. Ecco alcune abitudini che potresti voler cominciare a prendere in considerazione:

- Fare esercizi regolarmente durante la gravidanza: non solo la madre, ma anche chi diventerà padre dovrebbe cercare di mantenersi in forma. Questo può aiutare la resistenza e la salute fisica, oltre che fornire un metodo efficace per alleviare lo stress. Camminare è un ottimo esercizio a basso impatto, mentre altre attività potrebbero includere il nuoto, l'aerobica o lo yoga.
- Evitare diete estreme o digiuni per dimagrire: non seguire schemi dietetici troppo rigidi durante la gravidanza. Pratiche alimentari sane forniranno i nutrienti di cui madre e figlio hanno bisogno.
- Evitare l'uso di alcol, tabacco o droghe che possono avere un impatto negativo sullo sviluppo del bambino: anche un'esposizione minima a tali sostanze può danneggiare un feto. Se assumi dei farmaci, consulta il tuo medico.
- Evitare l'esposizione a sostanze tossiche o prodotti chimici: questo è importante sia per le madri che per i padri. Con sostanze chimiche si intende: mercurio, amianto, alcuni tipi di prodotti per la pulizia o altre sostanze potenzialmente dannose.

3. Soddisfa le esigenze nutrizionali

Il detto "sei quello che mangi" è particolarmente vero durante la gravidanza. Una madre e il suo bambino hanno bisogno di una corretta alimentazione per sostenere la crescita e lo sviluppo. Una cattiva alimentazione può portare a potenziali esiti negativi, come una condizione di sottopeso alla nascita o un parto prematuro. Una donna incinta, in media, ha bisogno di 300 calorie in più al giorno, per un totale che oscilla tra le 2.500 e le 2.700 calorie totali giornaliere, a seconda della corporatura e del livello di attività del singolo. I medici, di solito, raccomandano un aumento di peso tra i 10 e i 13 chili, ma ovviamente non è una legge scritta: a seconda del peso prima della gravidanza e di altri fattori, le indicazioni cambiano di conseguenza.

La gravidanza è anche un ottimo momento per scegliere una dieta con un'ampia varietà di alimenti, ricchi di nutrienti, per la salute del bambino e della madre. Ad esempio:

- Cerca di assumere un'adeguata quantità di acido folico prima e durante la gravidanza: l'acido folico è una vitamina del gruppo B che si trova in alcuni alimenti, e ovviamente negli integratori. Aiuta a prevenire i difetti del cervello e del midollo spinale alla nascita, come ad esempio la spina bifida. La colonna vertebrale, infatti, inizia a formarsi prima ancora che una donna sia in grado di rendersi conto di essere rimasta incinta. I nutrizionisti raccomandano a tutte le donne in età fertile di assumere un multivitaminico contenente acido folico ogni giorno. L'acido folico, o la sua forma naturale, il folato, si trova: nei cereali per la colazione, nella pasta, nel pane, nei cereali, nei fagioli secchi (e poi cotti), negli agrumi e nelle verdure a foglia verde, come spinaci e broccoli. Leggi l'etichetta con i dati nutrizionali riportata sugli alimenti per conoscere i nutrienti nelle tue scelte alimentari.

- Assumi un'adeguata quantità di calcio: il calcio è un minerale che aiuta a costruire le ossa e si trova nel latte, nel formaggio, nello yogurt e nella ricotta, così come in alcune verdure a foglia verde, come broccoli e spinaci. Una donna incinta di età superiore ai 18 anni ne necessita almeno 1.000 milligrammi al giorno; le donne incinte sotto i 18 anni, invece, hanno bisogno di 1.300 milligrammi di calcio al giorno. Il latte ne contiene circa 300 milligrammi per tazza, inoltre è arricchito con la vitamina D che favorisce l'assorbimento di calcio. Calcio, vitamina D e altri nutrienti per la costruzione delle ossa si trovano anche negli integratori prenatali.

- Soddisfa il tuo fabbisogno proteico: carne, pollame, frutti di mare, legumi e noci sono buone fonti di proteine e contengono anche altri nutrienti, come zinco, magnesio e ferro. Tu e il tuo bambino avrete bisogno di circa 60 grammi di proteine al giorno, più o meno la quantità di due porzioni di carne da 80 grammi.

- Assumi abbastanza ferro: il tuo medico effettuerà analisi del sangue per rilevare l'anemia o l'eccesso di ferro. Per soddisfare il fabbisogno di ferro, segui una dieta sana ricca di alimenti contenenti ferro, come carne magra, pollame, pesce, pane integrale e cereali fortificati, così come gli integratori prenatali.

- Cerca di mangiare sette (o più) porzioni totali di frutta e verdura ogni giorno: frutta e verdura forniscono vitamina C, A e acido folico, oltre a fibre e molte altre "sostanze fitochimiche" (sostanze chimiche vegetali). Inoltre, la fibra e l'alto contenuto di acqua nella frutta e nella verdura aiutano a prevenire la costipazione.

- Bevi: l'acqua e altri liquidi trasportano i nutrienti attraverso il corpo e aiutano, appunto, a prevenire la costipazione e spesso anche il travaglio prematuro o precoce. L'obiettivo è circa 6-8 bicchieri di acqua, alternati a succo e latte, su base giornaliera. Dal momento che le bevande contenenti caffeina possono influenzare il battito cardiaco e la respirazione del bambino, la maggior parte degli esperti di nutrizione consiglia di ridurre al minimo il consumo di bevande come il caffè. Inoltre, alle donne in gravidanza che soffrono di lievi gonfiori, i medici sconsigliano di limitare l'assunzione di liquidi.

- Cerca di assumere un integratore vitaminico prenatale come indicato dal tuo medico.

- Evita l'alcol durante la gravidanza: le donne incinte che consumano bevande alcoliche hanno un maggiore rischio di difetti alla nascita e disabilità di apprendimento permanente per il nascituro. Nessuna quantità di alcol è considerata "sicura" durante la gravidanza.

- Segui le raccomandazioni: la gravidanza è un momento in cui le donne sono più vulnerabili alle malattie di origine alimentare che possono colpire anche il bambino. Seguendo alcune precauzioni, le future mamme possono aiutare a garantire la propria salute e quella del loro bambino.

4. Aumenta la tua conoscenza dello sviluppo del bambino

La comprensione e le aspettative dei futuri mamma e papà sulla crescita e lo sviluppo di un bambino possono influenzare in modo significativo il modo in cui si comporteranno una volta genitori. Si può avere una piccola idea di come funziona lo sviluppo di un bambino già mentre sta crescendo nel grembo materno. Se si è sposati o in una relazione, parlare con il proprio partner dei valori genitoriali e delle modalità di cura del bambino diventa fondamentale.

I genitori dovrebbero consultare gli operatori sanitari, gli educatori, gli infermieri e altre figure medico-psicologiche per

 21

prepararsi al meglio durante l'attesa del nascituro. Alcune idee che puoi prendere in considerazione sono:

- parla apertamente con il tuo coniuge o partner di ciò che entrambi sapete e vi aspettate dalla crescita di un bambino: condividere idee e aspettative, come ad esempio come gestire il pianto del bambino o come adattarsi al ritmo del sonno, può prepararvi con largo anticipo a come vi occuperete delle esigenze educative dopo la nascita;
- leggi uno o più libri sullo sviluppo del bambino durante e dopo la gravidanza: non c'è niente di meglio di una buona lettura, quindi fai i compiti! Le persone che leggono questi libri sono più fiduciose come genitori, più consapevoli delle esigenze dei bambini e più responsabili rispetto a quelli che non lo fanno;
- partecipa a una lezione preparto: durante la gravidanza, connettersi con altri genitori e condividere le loro esperienze può essere prezioso. Partecipare a un programma di parto può aiutare a facilitare tali relazioni e fornire preziose conoscenze;
- partecipa a una classe sullo sviluppo e l'educazione dei bambini: una volta che diventerai un genitore, dovrai pensare al futuro. Prendi l'abitudine di cercare informazioni sull'alimentazione dei bambini, sull'insegnamento della lingua, sulla comprensione dei segnali dei neonati e su altri argomenti che ti aiuteranno come genitore;
- osserva gli altri bambini e parla con gli altri genitori: cosa è cambiato rispetto a ciò che si aspettavano succedesse dopo la nascita e con la crescita di un bambino, rispetto a ciò che hanno sperimentato e vissuto in prima persona?

5. Riduci lo stress e preparati alla nascita del bambino

I genitori che riducono gli elementi di stress nella loro vita riescono quasi sempre a creare un ambiente prenatale sano. Infatti, le ricerche hanno dimostrato che un ambiente stressante può avere effetti negativi sullo sviluppo di un bambino, anche mentre è ancora nel grembo materno. Livelli di tensione, da moderati ad alti, possono causare il rilascio di sostanze chimiche nel corpo che influenzano lo sviluppo sia del cervello, sia degli organi in generale. Ovviamente, un certo livello di stress è assolutamente normale, e non c'è motivo di allarmarsi quando capita, ma è comunque importante cercare di evitare – o ridurre – l'esposizione a situazioni particolarmente difficili, se possibile. Per farlo, potresti:

- utilizzare tecniche di rilassamento condizionato, come la respirazione controllata, il rilassamento muscolare o la visualizzazione di immagini rilassanti, per ridurre lo stress: queste diventeranno particolarmente utili durante il travaglio. La pratica di tali tecniche durante la gravidanza può anche aiutarti nella quotidianità;
- evitare o ridurre i contatti con persone che sai potrebbero farti arrabbiare o innervosire: un ambiente negativo o coercitivo non è mai l'ideale, ma lo diventa ancora meno durante la gravidanza. Quando non è possibile evitare le situazioni fastidiose, potrebbe essere utile sviluppare strategie di gestione dei conflitti, come il rinvio di una discussione, la negoziazione, o la collaborazione con una terza persona che aiuti a calmare le acque;

- esercitati a rispondere a ciò che ti fa sentire stressata o ansiosa in un modo calmo, positivo e flessibile: questo ti aiuterà a sentirti più sotto controllo;
- lasciati coinvolgere in attività positive: queste ti faranno sentire bene e costruirai fiducia in te stessa;
- coinvolgi il tuo partner nella preparazione alla nascita del bambino: gli uomini possono sentirsi insicuri o nervosi, e trarranno beneficio dall'apprendimento della gravidanza e del parto, dalla partecipazione alle visite mediche e dalla comunicazione in famiglia;
- cerca di non lavorare eccessivamente, soprattutto quando il tuo lavoro può essere particolarmente impegnativo
- canta dolcemente al bambino mentre cresce nel tuo grembo: questa attività ti aiuterà a sentirti tranquilla e rilassata. Se non funziona, prova a fare esercizio fisico, ascoltare musica, parlare con qualcuno, dedicarti a un hobby o fare altre cose significative per te.

6. Lo stile di vita cambia ora che sei incinta

Come abbiamo già detto, perseguire uno stile di vita sano è importante: ci fa apparire più giovani, mitiga l'insorgenza di malattie e aumenta i nostri livelli di energia. Per questo, farlo durante la gravidanza, o mentre si cerca di concepire, è ancora più importante. Comportandoti in modo attivo, sano e responsabile aumenterai i tassi di fertilità e aiuterai il bambino a ricevere vitamine e minerali essenziali. Talvolta però, sappiamo quanto sia difficile ottenere le informazioni necessarie per impegnarsi a mantenere una buona routine. Eppure, con un vasto mondo di conoscenze a portata di mano, viene automatico pensare che le cose dovrebbero essere più

 24

facili. Tutti conoscono l'importanza di evitare sigarette, alcol e droghe durante la gravidanza – e non solo – ma ci sono altri cambiamenti meno noti da apportare nella vita. Daremo un'occhiata ad alcuni grandi cambiamenti per la salute e lo stile di vita che ti aiuteranno sia durante la gravidanza, sia a rimanere incinta.

7. Raggiungi un peso salutare

L'ideale sarebbe raggiungere un peso salutare prima di concepire. Se ci si trova in una situazione di sovrappeso o di obesità, queste condizioni possono modificare notevolmente lo sviluppo di zucchero nel sangue che può risultare in diabete, che a sua volta si traduce in gravi rischi per lo sviluppo del bambino.

Quando sei in una situazione di normopeso, inoltre, monitorare l'aumento di peso durante la gravidanza è decisamente più facile. Questo è importante perché prendere troppo peso renderà, ovviamente, molto più difficile la perdita di peso post-partum, mentre non prendere abbastanza peso può essere rischioso per lo sviluppo del bambino. Se non si "ingrassa" a sufficienza, il bambino può rischiare di essere sottopeso una volta nato. Ovviamente, a seconda di quanto pesi prima della gravidanza, diverso sarà il quantitativo di kili che dovrai prendere durante la gestazione. L'Istituto di Medicina raccomanda quanto segue per ogni categoria:

- ✓ sottopeso: intervallo di aumento da 12 a 18 kg,
- ✓ peso normale: da 11 a 15 kg,
- ✓ sovrappeso: da 7 a 11 kg,
- ✓ obeso: da 5 a 9 kg.

8. Cambia la tua dieta

Per poter essere sicura che stai prendendo peso in modo salutare, probabilmente dovrai apportare alcune modifiche alla tua dieta. Per gestire al meglio il tuo aumento di peso, cerca di mangiare cibi con un alto valore nutrizionale. Ad esempio, aggiungi alla tua dieta cibi ricchi di folato che, come abbiamo detto, può trovarsi naturalmente in molti alimenti, o nei cibi fortificati; basta cercare la scritta "arricchito" e/o "fortificato" sulla confezione.

Altri cambiamenti o elementi da aggiungere alla tua dieta possono includere:

- ✓ Alimenti ricchi di ferro, come la bistecca o il pollo
- ✓ Alimenti con vitamina C
- ✓ Cibi ricchi di calcio
- ✓ Alimenti specifici per la gravidanza
- ✓ Cibi ricchi di colina
- ✓ Yogurt greco
- ✓ Uova
- ✓ Salmone
- ✓ Pesce gatto
- ✓ Gamberetti
- ✓ Tonno in scatola magro (non bianco!)
- ✓ Lenticchie
- ✓ Verdura a foglia verde
- ✓ Asparagi
- ✓ Cibi ricchi di fibre
- ✓ Cibi ricchi di vitamine
- ✓ Grano fortificato

Fai piccoli pasti circa 5-6 volte al giorno e non saltare mai la colazione. Stai lontano dal formaggio morbido e cerca di evitare il più possibile i pranzi fuori casa, poiché è più probabile che troverai cibi con alti livelli di listeria.

Un'altra cosa fondamentale su cui devi concentrarti è cercare di bere più acqua. Durante la gravidanza, il volume del sangue aumenta fino al 50 percento, il che significa che devi bere abbastanza acqua per aiutare il tuo corpo ad adattarsi alle sue funzioni *migliorate*. Se non riesci a bere abbastanza acqua liscia, aggiungi un po' di limone, qualche pezzo di cetriolo o di menta, per dargli un po' di sapore. È importante bere circa 2,4 litri di acqua ogni giorno.

9. Aggiungi vitamine prenatali alla tua dieta

Se stai attivamente cercando di concepire, l'assunzione delle vitamine prenatali sarà sicuramente d'aiuto. Inoltre, anche dopo essere rimasta incinta, è importante continuare a prenderle: infatti, queste non solo contengono un numero di sostanze nutritive essenziali per lo sviluppo del tubo neurale del bambino, ma ti aiutano anche a creare nuove cellule del sangue.

Assicurati di trovare vitamine prenatali che soddisfino le tue esigenze di ferro e di acido folico. Parla sempre con il tuo medico per trovare ciò che faccia al caso tuo!

10. Tieniti attiva

Con tutti gli ormoni che scorrono attraverso il tuo corpo durante la gravidanza, mantenere la positività ti sembrerà una lotta giornaliera. Per questo, l'esercizio fisico è un ottimo modo non solo per rimanere in forma, ma anche per aiutarti a migliorare il tuo umore. Fare sport rilascia endorfine che ti renderanno più felice, e riuscirai a mettere i problemi quotidiani più in prospettiva; senza contare, ovviamente, i benefici sul corpo e sul controllo dell'aumento di peso.

Punta a 20-30 minuti di allenamento moderato, aggiungendo qualche esercizio di forza 2-3 volte a settimana, per ottenere i risultati migliori. Dovresti anche aggiungere alcuni esercizi per il pavimento pelvico, per aiutare a preparare quest'importante parte del corpo sia al momento del parto, sia al recupero post-parto. Alcune attività ideali possono essere: pilates, yoga, nuoto, lunghe o brevi camminate sul piano e, in linea generale, qualsiasi altra attività che ti faccia sentire bene.

11. Smetti con alcol, sigarette e caffeina

Ricordati che quando assumi queste sostanze, lo fa anche il tuo bambino: alcol, nicotina e caffeina sono estremamente dannosi per il suo sviluppo. Se da un lato alcuni sostengono che un bicchiere di vino qua e là non faccia poi così male, non c'è modo di sapere se sia veramente sicuro oppure no per il feto. Dal momento che la sindrome alcolica fetale influisce in modo incisivo sullo sviluppo del bambino, è meglio astenersi da qualsiasi tipologia di sostanza alcolica fino a dopo il parto.

Inoltre, l'uso di caffeina va ridotto al minimo. Le attuali linee guida raccomandano di non assumerne più di 200 mg al giorno. Ricordati che la caffeina è presente anche in cibi e bevande diverse dal caffè, quindi assicurati di fare un po' di ricerche prima di cedere alla tentazione.

Se fumi... smetti. Sarà difficile, ma fumare è una delle cose più pericolose che puoi fare durante la gravidanza. Lo stesso dovrebbe essere detto per qualsiasi uso illegale (o legale) di droghe. Se hai bisogno di aiuto per riuscire a smettere, parla con il tuo medico e trova un buon sistema di supporto. Credici: ne vale la pena.

12. Impara a gestire lo stress

Quando sei stressata, il tuo corpo rilascia un ormone chiamato cortisolo. Uno studio effettuato in collaborazione tra l'Istituto scientifico di medicina per la riabilitazione IRCSS Medea e il College di Londra ha sottolineato come alti livelli di cortisolo materno in gravidanza predicono una spiccata reattività comportamentale del neonato, associata a possibili influenze sulla crescita e lo sviluppo del feto con potenziali rischi a lungo termine. Si parla ovviamente di alterazioni non fisiologiche, ma stress marcato e presente costantemente in grado di provocare disfunzioni non solo al tuo corpo e alla tua mente, ma anche alla crescita del bambino. Non lasciare che lo stress controlli la tua vita, ma trova un modo per gestirlo e viverlo in modo più sereno fino a ridurlo il più possibile. Molte neomamme hanno trovato benefico praticare qualche classe di yoga, chi invece la meditazione, usare oli essenziali, musicoterapia o anche semplicemente parlare o sfogarsi con qualcuno. Ricordati che riuscire a gestire lo stress è importante, indipendentemente dal fatto che tu sia incinta o meno.

13. Comprendi e impara dalle tue condizioni mediche

Se hai una condizione medica cronica, ora è il momento di comprenderla al 100% e prendere le misure necessarie per tenerla sotto controllo. Patologie come il diabete, l'asma, la depressione, l'ipertensione arteriosa o i problemi cardiovascolari peggiorano spesso durante la gravidanza, quindi, sarà necessario fare il possibile per trovare delle soluzioni efficaci che non mettano a repentaglio la tua salute.

Discuti con il medico riguardo eventuali farmaci che stai assumendo e preparati ad apportare modifiche al tuo trattamento per tutta la durata della gravidanza. Infatti, l'assunzione di alcuni farmaci è sconsigliata durante la gestazione, purtroppo: parlane con il tuo medico e cerca di capire cosa sia sicuro prendere o cosa no.

Nel momento in cui nasce un bambino, nasce anche la madre. Non era mai esistita prima. La donna esisteva, ma la madre mai. Una madre è qualcosa di assolutamente nuovo.

CAPITOLO 2

La nutrizione in gravidanza

Le donne incinte necessitano solitamente di un leggero aumento di chilocalorie, che varia da 100 kcal al giorno durante il primo trimestre, a 300 kcal nel secondo e il terzo trimestre. Durante la gestazione, le donne consumano il 10-15% di calorie in più rispetto a quanto facevano prima della gravidanza, specialmente durante gli ultimi mesi. Questa quantità di energia può essere fornita anche solo da una piccola quantità di cibo, ma le future mamme spesso sopravvalutano il loro fabbisogno e ne assumono di più. In realtà, l'aumento consigliato di chilocalorie dipende dal metabolismo basale del singolo, dal suo stile di vita e dall'attività fisica. L'indicatore principale di controllo è l'aumento della massa corporea, che dovrebbe rimanere nell'intervallo consigliato tra 10 e 16, in base a un accordo nazionale tra la Germania, *The Nordic Nutrition Recommendations* (le Raccomandazioni Nutritive Nordiche) e *l'Istituto di Medicina Americano* (USA). Queste informazioni, provenienti da associazioni e istituzioni professionali, tuttavia, differiscono tra loro in modo significativo. Ad ogni modo, le raccomandazioni si rifanno principalmente alla guida nazionale europea, con riferimento all'approccio negli Stati Uniti: l'aumento di peso ideale si basa sul BMI prima e dopo il concepimento.

La divulgazione accademica e la vasta campagna di promozione emessa dai centri di salute aiutano a raggiungere un peso *pre*-gravidanza in modo salutare.

 31

Macronutrienti

<u>PROTEINE</u>

Durante la gravidanza è importante consumare la quantità necessaria di proteine, l'elemento costitutivo di base dei tessuti materni e fetali. La quantità di proteine richiesta durante la prima metà della gravidanza è la stessa di quella per le donne non gravide, ovvero 0,8-1,0 g per kg al giorno o 10-15% del fabbisogno energetico totale richiesto, mentre dalla seconda metà 1,1 g per kg al giorno (sulla base della dieta nei paesi economicamente sviluppati). Le adolescenti incinte, invece, hanno bisogno di 1,5 g per kg di proteine al giorno. Ad esempio, 100 g di carne cotta contengono tra i 25 e i 35 g di proteine, 120 g di pesce contengono 25-30 g di proteine, un uovo ha 6 g di proteine, una fetta di formaggio ha 15 g di proteine, e il formaggio ha 18 g di proteine, mentre 150 g di fagioli contengono solo 15 g di proteine.

Le fonti di proteine consigliate sono, ad esempio, i latticini a ridotto contenuto di grassi, pesce, carne magra e albumi d'uova; proteine di origine vegetale come legumi, noci e semi, anche se il loro contenuto proteico è inferiore a quello dei prodotti di origine animale.

La carne è un'importante fonte di ferro e può essere consumata in umido o al forno, stando attenti a non cuocerla troppo. Prodotti come salumi, carne affumicata e prosciutto andrebbero invece evitati, in quanto non solo contengono un'elevata quantità di sale, di grassi e (spesso) di additivi indesiderati, ma il loro contenuto proteico è anche molto inferiore a quello della carne cruda. Anche il pesce è una fonte importante di acidi grassi Omega-3 e di vitamina D; per questo, si consigliano due porzioni a settimana, di cui una di pesce azzurro (come aringa o salmone). Gli alimenti di origine vegetale, come i legumi (fagioli, lenticchie, piselli), noci e semi, sono un'altra importante fonte di proteine. Gli oli dovrebbero contenere quantità sufficienti di grassi monoinsaturi (olio d'oliva, olio di colza) o acidi grassi Omega-3 (olio di lino).

CARBOIDRATI

I carboidrati sono una fonte di energia fondamentale sia per la madre che per il feto. Le quantità richieste sono le stesse consigliate per la popolazione generale (50-60% del fabbisogno energetico).

Quantità appropriate di carboidrati aiutano a controllare i livelli di glucosio nel sangue e forniscono protezione contro la chetosi. Le fonti consigliate di carboidrati sono i prodotti integrali e le patate, che dovrebbero essere bollite, fatte al forno e possibilmente non fritte.

Il consumo di zucchero dovrebbe essere limitato: non dovrebbe superare il 5% dell'apporto energetico o, al massimo, 25 g (cinque cucchiaini). Infatti, lo zucchero in eccesso aumenta il rischio di obesità. Pertanto, le future mamme dovrebbero evitare le bibite zuccherate.

GRASSI

I grassi sono una fonte di energia importantissima e sono necessari per numerosi processi metabolici. Le madri in attesa, solitamente, non hanno granché bisogno di modificare la loro assunzione di grassi. L'importo consigliato è il 30% del consumo energetico totale. La scelta dei grassi, tuttavia, è fondamentale. Entrambi gli acidi grassi Omega-3 (acido eicosapentaenoico e acido docosaesaenoico) sono necessari per lo sviluppo del cervello e della retina fetali, riducono il rischio di parto anticipato e/o precoce, di malattie cardiovascolari nel bambino, nonché il rischio di depressione perinatale per la madre. Gli acidi grassi Omega-3 sono particolarmente importanti durante il secondo e il terzo trimestre. La quantità consigliata di acido docosaesaenoico è di 200–300 mg/giorno, che può essere assunta in due porzioni (150–300 g) di pesce a settimana, di cui una dovrebbe contenere pesce azzurro (come aringhe, trote, salmone, sardine). Occorre, inoltre, prestare attenzione alla scelta del pesce e al modo in cui viene cucinato: può essere arrostito, fatto al vapore o al forno; non è invece consigliato il pesce sotto sale, in salamoia, stagionato o affumicato. L'eccessiva assunzione di pesce può portare a un alto contenuto di mercurio nel sangue, che può danneggiare il sistema nervoso del bambino.

Se una donna non mangia pesce, dovrebbe scegliere un acido grasso Omega-3 di origine vegetale, ad esempio l'acido α-linolenico che si trova, ad esempio, in semi di lino macinati e canapa. Tuttavia, solo una parte dell'acido α-linolenico viene convertita in acido α-linolenico e acido docosaesaenoico nel corpo umano, per questo le donne incinte necessitano spesso integratori di Omega-3. Ricordiamo che gli integratori di olio di pesce non sono raccomandati a causa del loro alto contenuto di vitamina A, mentre gli alimenti che contengono acidi grassi Omega-3, come le uova e il latte, lo sono. La quantità di grassi saturi consumati nel burro, nella panna, nella carne grassa e nell'olio di semi dovrebbe essere limitata, e gli acidi grassi insaturi, che di solito sono contenuti nei latticini parzialmente idrogenati, spesso usati nei prodotti lattiero-caseari, dovrebbero essere totalmente esclusi dalla dieta.

CEREALI, LATTICINI, FRUTTA E VERDURA

I cereali integrali sono preferiti a quelli normali, e dovrebbero costituire più della metà di tutti i cereali consumati. I prodotti integrali e le patate sono fonte di carboidrati complessi e contengono quantità significative di vitamine, minerali e fibre. Nella loro preparazione, dovrebbero essere evitate grandi quantità di grassi e oli (es. patate fritte).

Verdure e frutta sono fonti di vitamine, minerali e antiossidanti. Si consigliano cinque porzioni di frutta e verdura (≥ 400–500 g) al giorno, la quota di verdura supera quella di frutta. Le verdure dovrebbero essere consumate crude, mentre le verdure conservate, sotto sale e/o fritte dovrebbero essere evitate. Possono anche essere stufate, trasformate in zuppa o leggermente fritte. La frutta generalmente dovrebbe essere consumata fresca, mentre il consumo di frutta in scatola è da evitare. Si consigliano i succhi contenenti il 100% di frutta, mentre tutte le bevande e i nettari con poche quantità di frutta con zucchero, dolcificanti o altri additivi indesiderati aggiunti, è meglio evitarli.

I latticini sono fonti di proteine, calcio, iodio e altri nutrienti. A quelli con un alto contenuto di grassi e gli yogurt contenenti grandi quantità di zucchero e/o dolcificanti artificiali, sono da preferire, ad esempio, i prodotti a base di kefir, latticello e yogurt naturale. La ricotta è una preziosa fonte di proteine (anche se alcuni prodotti confezionati a base di ricotta contengono sale). Il formaggio è anch'esso un'importante fonte di proteine e calcio, ma prodotti simili (ad alto contenuto di grassi) dovrebbero comunque essere esclusi dalla dieta in quanto contengono acidi grassi trans (TFA) cioè insaturi.

Fibre

L'apporto necessario di fibra è di 30–35 g. La fibra è un componente altamente necessario per prevenire la costipazione, e quindi ridurre il rischio di malattia venosa emorroidaria, oltre che i rischi di diabete gestazionale. Inoltre, i prodotti ricchi di fibre contengono minerali, vitamine e altre sostanze biologicamente attive. Le principali fonti di fibra sono i prodotti integrali (ad es. pane integrale, avena o crusca), legumi, frutta secca e fresca, verdure, noci e semi.

La crusca aggiuntiva dovrebbe essere presa solo su consiglio professionale, poiché tende a diminuire l'assorbimento di ferro, calcio e altri minerali e contribuisce all'ostruzione intestinale. La quantità necessaria può essere assorbita in una dieta equilibrata.

Vitamine

I fabbisogni di vitamine e minerali in gravidanza sono molto più alti di quelli di calorie; pertanto, le future mamme dovrebbero prestare attenzione alla qualità del cibo che mangiano, così da riuscire a bilanciare la loro dieta al meglio. La maggior parte delle donne ha bisogno di nutrienti aggiuntivi solo dopo il quarto mese di gravidanza, ma l'assunzione di acido folico, iodio e ferro è fondamentale sia prima sia dopo il concepimento e soprattutto nei primi mesi di gestazione.

VITAMINA A (RETINOLO)

La vitamina A è necessaria per lo sviluppo della pelle, delle membrane mucose (comprese quelle dell'apparato gastro-intestinale e respiratorio), del sistema scheletrico, dei denti e delle funzioni visuali e del sistema immunitario. Mentre il deficit di vitamina A è indesiderabile, quantità eccessive (3000 µg o 10.000 UI di vitamina A) possono essere teratogeni. Le donne che prendono medicine o integratori alimentari contenenti vitamina A o retinolo, come integratori di olio di pesce, dovrebbero interromperli prima del concepimento e durante la gravidanza. La vitamina A si trova negli alimenti di origine animale, ad esempio nel pesce, nei frutti di mare, nelle uova, nel latte e nei latticini, in particolare nel formaggio. Il fegato contiene quantità particolarmente elevate di vitamina A ed è quindi sconsigliato durante la gravidanza. Alcuni alimenti di origine vegetale, come la zucca, le carote, i peperoni rossi, gli spinaci, l'insalata di foglie e albicocche, che sono positivamente ricche di vitamina A, non rappresentano alcun rischio durante la gravidanza.

VITAMINA B6 (PIRIDOSSINA)

La vitamina B6 partecipa al metabolismo degli aminoacidi ed è anche un catalizzatore nelle reazioni, ad esempio per la produzione di neurotrasmettitori. La vitamina B6 aiuta a ridurre la nausea e il vomito. Le principali fonti alimentari di questa sono carne (manzo, maiale e pollo), pesce (tonno, salmone), legumi, avena, banane, prugne, avocado e patate. Non è richiesta alcuna integrazione di vitamina B6 durante la gravidanza.

VITAMINA B9 (ACIDO FOLICO)

L'acido folico è necessario per l'*eritropoiesi* materna (la formazione dei globuli rossi nel feto), la sintesi del DNA, la crescita della placenta e lo sviluppo del midollo spinale fetale durante il primo mese di gravidanza. In particolare, il tubo neurale si chiude durante la terza e la quarta settimana di gravidanza, quando le donne spesso non sono neppure consapevoli di essere incinte. Nella maggior parte dei casi, l'apporto di folati non può provenire soltanto dal cibo (l'acido folico e i folati hanno una struttura chimica simile; con "acido folico" ci si riferisce a integratori sintetici, mentre i prodotti alimentari contengono "folati"). Un'assunzione di circa 400 microgrammi al giorno di acido folico è l'ideale. Le donne che stanno pianificando la gravidanza dovrebbero iniziare a prendere integratori di acido folico prima di rimanere incinte e dovrebbero continuare a integrarlo nella loro dieta almeno fino alla fine della dodicesima settimana di gestazione. Si raccomanda un'assunzione di acido folico nelle donne ad alto rischio (aventi, ad esempio, una storia di spina bifida, diabete mellito, sindrome da malassorbimento, malattia celiaca, uso di

 37

anticonvulsivanti) pari a 4 mg. Fumatrici, consumatrici di alcol e chi ha regolarmente assunto contraccettivi orali, o triamterene e trimetoprim come diuretici, sono a maggior rischio di deficit di acido folico. Ricordiamo che le principali fonti naturali di acido folico sono le verdure a foglia verde (broccoli, spinaci, cavolini di Bruxelles, cavoli), legumi (lenticchie, fagioli e piselli), barbabietola rossa, arance e pomodori. Le verdure fresche e crude dovrebbero essere consumate ogni giorno, poiché l'acido folico presente negli alimenti è instabile al calore.

VITAMINA B12 (CIANOCOBALAMINA)

La vitamina B12 è coinvolta in varie reazioni enzimatiche ed è necessaria per la sintesi di metionina e tetraidrofolato. Si trova solo nei prodotti di origine animale: carne, soprattutto manzo (anche fegato, sconsigliato in gravidanza), latte, latticini e pesce (sgombro, aringa e tonno). Le cozze e le ostriche contengono quantità particolarmente elevate di questa vitamina. La vitamina B12 è necessaria sia per lo sviluppo cognitivo, che motorio, del feto. I vegani e le future mamme che hanno subito un intervento chirurgico gastrointestinale possono soffrire di deficit di vitamina B12 e dovrebbero prendere degli integratori; in caso contrario, durante la gravidanza non sono necessari supplementi.

VITAMINA C (ACIDO ASCORBICO)

La vitamina C è un antiossidante ed è necessaria per la sintesi del collagene. Durante la gravidanza, vanno assunti 10 mg/giorno di vitamina C, quantità che dovrebbe essere tratta dalla dieta. Buone fonti di vitamina C sono contenute, ad esempio: nel cavolo cappuccio, nel pomodoro, nella paprika, nei broccoli, nelle fragole, nei pinoli, negli agrumi, nel ribes nero e nel kiwi.

VITAMINA D3 (COLECALCIFEROLO)

La maggior parte della vitamina D si forma nella pelle quando viene esposta alle radiazioni solari o quando viene assorbita dal cibo. Trascorrere del tempo all'aperto può essere utile ad assumere questa vitamina in modo "naturale". A seconda del tipo di pelle, una dose adeguata di vitamina D può essere ottenuta passando circa 5-10 minuti al sole durante la giornata, con viso e braccia scoperti, senza protezione solare. In estate (aprile-settembre), si consigliano da due a tre esposizioni a settimana per circa 20-30 minuti.

Anche il pesce, ad esempio, è una delle principali fonti di vitamina D; invece l'apporto derivato dai prodotti lattiero-caseari è insignificante. I funghi (soprattutto i porcini) contengono notevoli quantità di vitamina D, ma difficilmente possono essere considerati parte della dieta quotidiana. La misurazione della vitamina D (25 OH) del sangue fornisce un'indicazione più accurata della quantità di vitamina D necessaria, ma tali test non sono una pratica raccomandata sempre. In autunno e inverno (ottobre-marzo), la vitamina D integrata dovrebbe essere 800-1000 UI/giorno. Le donne che trascorrono poco tempo all'aperto, non mangiano pesce, hanno un BMI > 30 kg/m2 o hanno una pelle scura sono più a rischio di deficit da vitamina D.

VITAMINA E (TOCOFEROLO)

La vitamina E è un antiossidante che assicura la formazione e lo sviluppo di cellule sane nel feto e protegge le donne in gravidanza dalle tossine. La vitamina E entra nella circolazione fetale attraverso il sangue materno durante la dodicesima settimana di gravidanza. La quantità giornaliera raccomandata durante la gravidanza è di 15 mg. Alcuni neonati prematuri possono avere un deficit di vitamina E, anche se è molto raro, mentre la potenziale tossicità della vitamina E durante la gravidanza è una preoccupazione più frequente, poiché è stata collegata, come accennato in precedenza, a complicazioni durante il parto e a un più alto rischio di malattia cardiaca nel bambino. La vitamina E si trova negli oli vegetali (di oliva, di girasole e di colza), nei prodotti integrali, nel tuorlo d'uovo, nelle noci e nei semi (come di zucca o di girasole).

VITAMINA J (COLINA)

La colina è necessaria per l'integrità delle membrane cellulari, la trasmissione degli impulsi nervosi e la sintesi del gruppo metile. Le principali fonti alimentari di colina sono carne di maiale, pollo, tacchino, tuorlo d'uovo e lecitina di soia. La dose raccomandata di colina durante la gravidanza è di 450 mg/giorno.

VITAMINA K (NAFTOCHINONE)

La vitamina K è necessaria per la salute delle ossa e l'omeostasi della coagulazione. Un deficit di vitamina K durante la gravidanza può causare vomito grave e malattia di Crohn, soprattutto nelle donne che hanno subito procedure gastrointestinali. Le verdure a foglia verde scuro, come i broccoli, le insalate e gli spinaci, sono ricche di vitamina K; mentre minori quantità sono contenute anche in prodotti animali, come nel formaggio e nelle uova.

Sali minerali

IODIO

Lo iodio è di vitale importanza ed è necessario per la sintesi degli ormoni tiroidei materni, che, a loro volta, lo sono per lo sviluppo del sistema nervoso centrale fetale e lo sviluppo cognitivo e comportamentale del bambino. Il deficit di iodio è una delle cause dei disturbi dello sviluppo sia fisico che mentale. Il feto è più suscettibile al deficit di iodio durante le prime fasi della gravidanza. Se il supplemento di iodio viene somministrato solo dopo la prima visita prenatale (nona settimana), si rischia che sia troppo tardi per garantire il miglior esito possibile della gravidanza.

Per garantire un'adeguata assunzione di iodio prima del concepimento, le donne in età riproduttiva dovrebbero assicurarsi di assumere una quantità di iodio giornaliera pari a 150-250 μg, che può essere anche trovata in formulazioni vitaminiche con ioduro di potassio come ingrediente attivo. Il dosaggio massimo consentito per le donne in gravidanza e in allattamento è di 600 μg/giorno; un dosaggio > 1100 μg/giorno è considerato pericoloso. Invece, per le donne con un disturbo della tiroide, sarà meglio consultarsi con un endocrinologo. L'assunzione di iodio attraverso il cibo dipende, tra le altre cose, anche dai livelli di iodio negli alimenti e nel suolo, dall'uso di disinfettanti allo iodio nell'industria alimentare e dall'uso di fertilizzanti contenenti iodio in agricoltura.

Le principali fonti di iodio nella dieta sono pesce, farinacei e latticini. L'uso di sale iodato nella cucina casalinga è importante, poiché viene aggiunto solo a una piccola porzione dei cibi preparati. Per la maggior parte delle donne in gravidanza, l'assunzione di iodio che proviene dal cibo è insufficiente: sale iodato, consumo di farinacei due volte a settimana e latticini generalmente forniscono fino a 100 μg al giorno; pertanto, per un'adeguata assunzione, sono necessari ulteriori 100-150 μg di iodio, che dovrebbero essere assunti attraverso integratori. Integratori completi, contenenti acido folico e iodio, sono disponibili sia in farmacia che sotto consiglio del proprio medico. Gli integratori di alghe marine non sono raccomandati durante la gravidanza, poiché potrebbero causare un eccesso di iodio, con un impatto negativo sulla funzione tiroidea.

FERRO

Il fabbisogno di ferro aumenta durante la gravidanza, soprattutto durante la seconda metà, quando il volume di sangue e gli eritrociti aumentano e il feto e la placenta iniziano a richiedere più ferro. Inoltre, l'assorbimento del ferro aumenta notevolmente durante la gravidanza, poiché viene meno la perdita di sangue del periodo delle mestruazioni. È importante assicurarsi che l'assunzione di ferro proveniente dai pasti sia sufficiente durante la gravidanza. La capacità di assorbimento del ferro dipende in modo significativo dal tipo di alimento da cui viene tratto, dagli altri alimenti consumati durante il pasto e da caratteristiche fisiche del singolo. Il ferro eme (animale) è la forma meglio assorbita: per questo sia la carne rossa che il pesce dovrebbero essere mangiati regolarmente. Sebbene gli alimenti di origine vegetale, compresi i prodotti integrali e le verdure, contengano grandi quantità di ferro, la sua biodisponibilità è statisticamente molto più bassa. La vitamina C aumenta significativamente l'assorbimento di ferro (ad esempio quella proveniente dal succo di agrumi), mentre tè, caffè, prodotti integrali e prodotti ricchi di calcio, fermentati e non, ne abbassano l'assorbimento. Pertanto, è importante evitare di mangiare contemporaneamente più cibi contenenti ferro, così come cibi che abbassano l'assorbimento del ferro, per i quali dovrebbe essere osservato un intervallo di 2 ore. È importante tenere i livelli di ferritina plasmatica normali prima del parto e durante la gravidanza.

Gli integratori contenenti ferro sono particolarmente utili quando ci si trova in una situazione di anemia, che potrebbe comportare una ridotta produzione di emoglobina.

A sua volta, questa condizione è associata a una minore immunità, a maggiori rischi di malattie infettive, a minore produttività, a disturbi cognitivi e stress emotivo, a rischi più elevati di mortalità materna, a parto prematuro e condizioni di sottopeso alla nascita, nonché al distacco della placenta e alla perdita di sangue dopo il parto. Il feto è relativamente ben protetto contro la carenza di ferro grazie al trasporto di proteine nella placenta. Tuttavia, la carenza di ferro materno è associata a una maggiore frequenza di anemia nel neonato a partire dai 3 mesi di età, con conseguente ritardo motorio e/o sviluppo mentale.

L'uso di integratori di ferro senza consiglio medico non è consigliato in ogni gravidanza, poiché una quantità di ferro eccessiva può avere conseguenze negative. I supplementi dovrebbero essere assunti solo se indicati.

CALCIO

Il feto accumula 30 g di calcio durante la gravidanza, 25 g dei quali sono immagazzinati nel sistema scheletrico. La quantità raccomandata durante la gravidanza è simile a quella per le donne in generale: 1000 mg. Poiché la biodisponibilità di calcio dipende dalla vitamina D, un apporto sufficiente di questa vitamina è vitale. Adolescenti incinte e donne che hanno diverse gravidanze consecutive hanno bisogno di più calcio rispetto alla media (1300 mg). I latticini, tra cui latte, kefir, latticello, prodotti a base di latte fermentato, yogurt, formaggio, ricotta e latte in polvere, sono le fonti principali, poiché il calcio che contengono è prontamente disponibile in forma diretta. Un bicchiere di latte, kefir o yogurt, una fetta di formaggio o 200 g di ricotta contengono circa 300 mg di calcio. Poiché lo yogurt spesso contiene zucchero aggiunto, si preferisce solitamente lo yogurt naturale. Per le donne intolleranti al lattosio, invece, si consiglia l'avena arricchita di calcio, le mandorle e il latte di soia. Altre fonti di calcio includono piccoli pesci ossei, mandorle, legumi, broccoli e semi di zucca.

RAME

Il deficit di rame può essere pericoloso per il feto e una dieta povera di minerali può aumentare il rischio di anemia. Frutti di mare e crostacei, prodotti integrali, fagioli, noci e frattaglie contengono grandi quantità di rame. Verdure a foglia verde scuro e frutta secca sono altre fonti.

MAGNESIO

Durante la gestazione, il feto accumula 1 g/giorno di magnesio; le donne incinte dovrebbero assumere sufficienti quantità di magnesio di modo da prevenire crampi alle gambe e preeclampsia. Noci, prodotti integrali e verdure a foglia verde scuro sono fonti di magnesio.

SODIO

Durante la gravidanza, il volume del sangue materno aumenta, determinando un tasso di filtrazione glomerulare più elevato, in cui l'equilibrio idrico ed elettrolitico è mantenuto da meccanismi compensatori. La riduzione eccessiva del sodio nella dieta durante la gravidanza non è raccomandata, né lo è l'uso di agenti diuretici. È invece consigliabile ridurre il sale normale dalla dieta e utilizzare il sale iodato, la cui quantità consigliata è di 1,5–2,3 g di sodio al giorno, equivalenti a 4-5 g di sale da cucina. Questa quantità di sale, e un adeguato volume di liquidi, assicurano un volume sanguigno sufficiente per prevenire la disidratazione e le contrazioni premature. La maggior parte delle persone consuma molto più sale di quanto raccomandato, la maggior parte del quale proviene dagli alimenti in sé per sé (l'aggiunta extra costituisce solo una piccola parte); pertanto, si raccomanda di limitare l'uso del sale da cucina durante la gravidanza.

ZINCO

Poiché un deficit di zinco non innesca immediatamente la mobilitazione dello zinco dal sistema scheletrico materno, il deficit di zinco si manifesta rapidamente. Ciò può causare malformazioni congenite e sviluppo cerebrale compromesso. Carne rossa, frutti di mare e prodotti a base di cereali non raffinati sono fonti dietetiche di zinco.

Liquidi

ACQUA

La quantità di liquidi richiesta al giorno è di 2-2,5 L, principalmente sotto forma di acqua. Questa dovrebbe essere aumentata gradualmente man mano che la gravidanza avanza e man mano che il peso aumenta. Durante gli ultimi mesi, la quantità consigliata aumenta di 300 ml/giorno, ma, ovviamente, tutto dipende dalla massa corporea della donna: generalmente, si consiglia 35 ml per kg di peso al giorno, e in nessun caso inferiore a 1,5 l/giorno, ma ricordati che è necessaria più acqua quando fa caldo o dopo un intenso allenamento. Una quantità adeguata di acqua non solo assicura le normali funzioni vitali, ma riduce anche i rischi di infezioni urinarie, calcoli urinari e stitichezza.

CAFFEINA

Grandi quantità di caffeina limitano lo sviluppo fetale e si raccomanda che le donne incinte non superino i 200 mg al giorno. La quantità di caffeina negli alimenti e nelle bevande varia; tuttavia, due tazze di caffè o quattro piccole tazze di tè contengono 200 mg di caffeina. Le bevande energetiche contenenti caffeina dovrebbero essere evitate durante la gravidanza.

ALCOLICI

 45

Il consumo di alcol durante la gravidanza è dannoso per il feto. I bambini fortemente esposti all'alcol prima del parto possono soffrire di una serie di disturbi fisici e mentali durante il loro corso della loro vita. Questi hanno un rischio maggiore di una crescita sregolata e possono avere disturbi neurali, con conseguente deficit dell'apprendimento serio e problemi comportamentali. I bambini esposti a minori quantità di alcol possono sviluppare sintomi simili, ma più lievi.

Gli esperti negano completamente che bere piccole quantità di alcol durante la gravidanza sia sicuro per il bambino. È stato dimostrato che un forte consumo di alcol è associato a un alto rischio per il feto, ma la dose "sicura" non è stata ancora precisamente determinata. Ci sono prove che il consumo di più di una bevanda alcolica al giorno durante la gravidanza aumenti il rischio di parto prematuro e basso peso alla nascita. Pertanto, l'unico livello "sicuro" è l'astinenza completa, sia durante la gravidanza, sia durante l'allattamento.

Le conseguenze del consumo di alcol sul feto dipendono dal periodo della gravidanza in cui viene maggiormente assunto. Durante i primi 3 mesi il rischio di malformazioni strutturali aumenta, mentre in seguito aumentano i rischi di cessazione di crescita e di sviluppo anormale del cervello. Un QI ridotto è stato osservato nei nascituri geneticamente suscettibili, anche quando il consumo durante la gravidanza era limitato a piccole quantità. Le donne che pensano che piccole quantità di alcol non danneggino il loro bambino possono tendere a nascondere il loro consumo, il che può portare a un consumo eccessivo. I medici dovrebbero affrontare questo problema e chiarire i modelli di consumo di alcol con più severità. Allo stato attuale delle cose, e in considerazione dell'assenza di una soglia di sicurezza per il consumo di alcol, l'alcol in qualsiasi forma o quantità dovrebbe essere escluso già durante tutta la pianificazione della gravidanza e poi nel corso della gravidanza e dell'allattamento.

PER RIASSUMERE

Le quantità di nutrienti sopra elencate possono essere tratte da una dieta completa ed equilibrata, ad eccezione dell'acido folico e dello iodio, perciò, le donne in attesa che adotteranno la giusta dieta non dovrebbero avere bisogno di assumere vitamine o sali minerali.

Una dieta completa ed equilibrata è quella che:

- ✓ include tutti i gruppi di alimenti;
- ✓ include prodotti salutari per ciascun gruppo di alimenti;
- ✓ contiene una selezione variegata per ciascun gruppo di alimenti;
- ✓ preferibilmente contiene frutta, bacche e verdure di stagione;
- ✓ preferibilmente contiene cibi locali, soprattutto verdura e frutta;
- ✓ contiene gli alimenti consigliati nelle quantità definite per ogni individuo, in base a peso, livello di attività fisica e possibili problemi metabolici.

La gravidanza è un processo che ti invita ad arrenderti alla forza invisibile ma inarrestabile della vita.

CAPITOLO 3

Cosa aspettarsi ogni trimestre

U na gravidanza tipica dura 40 settimane, che si contano dal primo giorno dell'ultimo periodo mestruale (LMP). Questo periodo di gestazione viene comunemente diviso in tre fasi chiamate trimestri: primo trimestre, secondo trimestre e terzo trimestre.

Se il ciclo salta, spesso è il primo segno che potresti essere incinta, ma come fai a saperlo con certezza? Molte donne usano i test di gravidanza casalinghi la cui accuratezza sale quando vengono utilizzati almeno una settimana dopo l'inizio (presunto) del ciclo di una donna. Se fai il test meno di 7 giorni prima dell'ultimo ciclo mestruale, potrebbe non corrispondere alla verità, anche se, qualora il test fosse positivo, sarebbe molto probabile che tu sia incinta. Tuttavia, se il test dovesse essere negativo, ci sarebbe una maggiore possibilità che sia sbagliato. Il medico può consigliare un esame del sangue per rilevare la gravidanza in modo sicuro.

Una volta che rimarrai incinta, potresti non vedere l'ora di scorgere il pancione, ma devi sapere che questo cresce con i suoi tempi. Come abbiamo detto, la quantità di peso che una donna dovrebbe prendere durante la gravidanza dipende dal suo indice di massa corporea (BMI) prima di rimanere incinta. L'apporto calorico consigliato per una donna di peso normale che si esercita per meno di 30 minuti a settimana è di 1.800 calorie al giorno durante il primo trimestre, 2.200

calorie al giorno durante il secondo trimestre e 2.400 calorie al giorno durante il terzo trimestre.

Le donne incinte prendono peso in modo omogeneo su tutto il corpo. Il peso fetale si aggira attorno a circa 3,5 kg entro la fine della gravidanza. La placenta, che nutre il bambino, pesa circa 0,5 kg. L'utero pesa circa 1 kg. Una donna prende circa 4 kg a causa dell'aumento del volume del sangue, altri 4 kg dall'aumento di liquidi nel corpo e altri 7 kg a causa di un eccesso di accumulo di proteine, grassi e altri nutrienti. Il seno di una donna aumenta in media di 1 kg durante la gravidanza. Il liquido amniotico che circonda il bambino pesa 2 kg. Il peso combinato è di circa 14 kg.

Uno degli scompensi della gravidanza, soprattutto all'inizio, è la classica nausea mattutina che, in alcuni casi, può tramutarsi in iperemesi grave con nausea e vomito persistenti, in particolare durante le prime 12 settimane. Questo può portare a perdita di peso e disidratazione e alla necessità di assumere liquidi I.V. e farmaci antinausea.

La gravidanza tipica ha tre trimestri e dura circa 40 settimane, dal primo giorno dell'ultimo ciclo di una donna. In ogni trimestre, il feto incontrerà traguardi di sviluppo specifici.

Se 40 settimane è il normale lasso di tempo per una gestazione, un bambino può nascere già a 37 settimane, e può rimanere nella pancia della madre fino a 42 settimane.

Primo trimestre

Se il tuo ciclo mestruale è saltato può essere il primo segno che la fecondazione e l'impianto sono avvenuti correttamente: in questo caso, l'ovulazione è cessata e tu sei incinta. Durante il primo trimestre, il tuo corpo subisce molti cambiamenti, tra cui quelli ormonali, che colpiscono quasi tutti i sistemi e gli organi del corpo. Questi possono innescare sintomi anche nelle primissime settimane di gravidanza. Potresti anche notare:

- Estrema stanchezza
- Seno gonfio e capezzoli sporgenti
- Mal di stomaco con o senza vomito (nausea mattutina)
- Voglie o disgusto per determinati alimenti
- Sbalzi d'umore
- Costipazione (difficoltà ad avere movimenti intestinali)
- Necessità di urinare più spesso
- Mal di testa
- Bruciore di stomaco
- Aumento o perdita di peso

Quando il tuo corpo cambia, potrebbe essere necessario apportare modifiche alla tua routine quotidiana, come andare a letto prima o consumare pasti piccoli e frequenti. Fortunatamente, la maggior parte di questi disagi andrà via con il tempo. Se hai già avuto una gravidanza, potresti sentirti diversamente questa volta. Proprio come ogni donna è diversa, così lo è ogni gravidanza.

Dalla data del concepimento fino alla dodicesima settimana di gravidanza abbiamo il primo trimestre. Il secondo trimestre va dalla 13esima alla 27esima settimana e il terzo trimestre inizia circa a 28 settimane e dura fino alla nascita.

Succedono davvero tante cose durante questi primi tre mesi. L'uovo fecondato si divide rapidamente in strati di cellule e si impianta nella parete del tuo grembo, dove continua a crescere. Questi strati di cellule diventano un embrione (in questa fase il bambino è chiamato così). Durante questo trimestre, il tuo bambino cresce più velocemente che in qualsiasi altro momento. Entro sei settimane si può sentire un battito cardiaco ed entro la fine della 12esima settimana le ossa, i muscoli e tutti gli organi del corpo si sono già formati. A questo punto, il tuo bambino sembra un piccolo essere umano e ora è chiamato feto.

Settimana numero 4

Può sembrare strano, ma l'inizio di una gravidanza si misura dal primo giorno del tuo ultimo ciclo piuttosto che dal giorno in cui hai effettivamente concepito il tuo bambino. Questo perché non è sempre facile essere sicuri della data esatta in cui sei rimasta incinta. Un uovo fecondato si sarà anche impiantato nel tuo grembo solo due settimane fa, ma se il primo giorno del tuo ultimo ciclo è stato quattro settimane fa, sei ufficialmente in ritardo di quattro settimane!

La piccola persona dentro di te ha le dimensioni di un seme di papavero: un piccolo punto che misura circa 2 mm.

Il bambino potrà anche essere minuscolo, ma stanno accadendo già grandi cose! L'uovo fecondato si è ora rannicchiato sul lato del tuo grembo, si divide in strati di cellule che alla fine diventeranno le sue diverse parti del corpo.

Il sistema nervoso e il cuore si stanno già sviluppando. Sorprendentemente, il puntino ha già alcuni dei suoi vasi sanguigni e il sangue sta iniziando a circolare. Un filo minuscolo di questi ti collega al bambino: il cordone ombelicale.

In questo momento, il tuo seme di papavero viene definito embrione. Ottiene la sua energia e il nutrimento da un sacco (fino a quando la placenta non prenderà il sopravvento entro poche settimane) ed è circondato dal liquido amniotico.

Sanguinamento o macchie

Potresti notare un leggero sanguinamento, detto anche "spotting", che viene comunemente chiamato sanguinamento da impianto. Questo può essere causato dal piccolo seme che scava nel rivestimento del tuo grembo. Questo succede spesso nel periodo in cui il tuo ciclo sarebbe dovuto arrivare, ed è relativamente comune. Potresti anche avere dei crampi simili a quelli delle mestruazioni in queste prime settimane.

Se noti un sanguinamento in qualsiasi fase della gravidanza, tuttavia, è importante fare un controllo dal medico o dall'ostetrica.

Seno dolorante

Durante questa settimana, un aumento del progesterone può causare sensibilità, pesantezza e dolore al tuo seno, un po' come accade prima del ciclo. Sorprendentemente, ciò è dovuto dagli ormoni della gravidanza che già preparano il tuo corpo a produrre il latte. Questo fastidio si attenua solitamente entro la fine del primo trimestre.

PRENDI LE VITAMINE

Ci sono due vitamine molto importanti come abbiamo analizzato prima che pùoi prendere come integratori specialmente in questa fase: acido folico e vitamina D. L'acido folico è importante per la formazione del sistema nervoso del tuo bambino e previene il rischio di *spina bifida*, una malformazione della colonna vertebrale e del midollo spinale del bambino, che provoca una sua incorretta o incompleta chiusura durante la gestazione e la crescita embrionale. Dovresti considerare di assumere sotto presidio e conferma medica:

- 10 microgrammi di vitamina D ogni giorno durante la gravidanza e l'allattamento,
- 400 microgrammi di acido folico al giorno, fino alla 12esima settimana di gravidanza.

<u>RIFERISCI AL TUO MEDICO DI ESSERE INCINTA</u>

Una volta che sai di essere incinta, prendi un appuntamento per vedere il tuo medico o un'ostetrica per ottenere tutti i consigli di cui hai bisogno e per prenotare le tue visite dalla ginecologa. Se prendi un appuntamento dal medico di base, questi ti preparerà per gli appuntamenti dall'ostetrica; in alternativa, puoi chiamare l'unità di maternità nell'ospedale locale e fare presente la gravidanza autonomamente.

Questo è un momento importante per parlare di qualsiasi problema di salute per assicurarti che la tua gravidanza vada bene. È molto importante informare il medico riguardo eventuali farmaci che potresti star assumendo, in particolare quelli a lungo termine per condizioni specifiche come l'asma, l'epilessia, i disturbi cardiaci, i problemi di salute mentale. Il tuo medico dovrà assicurarsi che tu stia prendendo i farmaci più sicuri sia per te che per il bambino.

Settimana numero 5

Il tuo bambino misura ora 9 mm, circa le dimensioni dell'unghia di un dito, mentre le mani e i piedi sono ancora minuscoli germogli, le ossa del cranio si chiudono intorno al suo piccolissimo cervello, proteggendolo.

Lo strato esterno del cuscino amniotico si sviluppa ora nella placenta. Le sue cellule crescono in profondità nella parete del tuo grembo, creando una ricca riserva di sangue. La placenta fornirà al bambino nutrienti (cibo) e ossigeno attraverso il cordone ombelicale ed è costituita da tre veli: uno spesso, che trasporta sangue ossigenato e sostanze nutritive al bambino (quest'ultimo non respirerà attraverso i polmoni fino alla nascita, motivo per cui la frequenza dei parti in acqua), e per questa ragione torna nel tuo sistema circolatorio. La placenta è un'importante ancora di salvezza che tiene anche batteri e virus lontani dal tuo bambino.

Potresti trovare difficile realizzare di essere davvero incinta, perché è improbabile che tu abbia ancora visto un'ostetrica. Il tuo corpo, però, sta lavorando duramente per far crescere un bambino ed è anche molto efficiente nel farlo.

Settimana numero 6

Il tuo bambino, in questa fase, potrà sembrarti più un girino che un bambino: infatti, la sua schiena è curva, ha ciò che sembra a tutti gli effetti una coda ed è ricoperto da uno strato molto sottile di pelle traslucida.

Il suo cuore inizia a battere a 24 giorni e c'è un rigonfiamento dove sta per svilupparsi. Anche in questa fase molto precoce, a volte, il battito cardiaco può essere rilevato su una scansione a ultrasuoni vaginale.

Si può notare anche un piccolo dosso dove il cervello e la testa stanno per crescere. Le piccole fossette su questa protuberanza si trasformeranno presto in orecchie: puoi anche vedere un'area spessa dove si stanno formando gli occhi.

Una delle cose più difficili da affrontare nel primo trimestre è la nausea mattutina. Non lasciarti ingannare dal nome, la nausea può colpirti in qualsiasi momento della giornata, non solo durante le prime luci dell'alba. Alcune donne lo capiscono e altre no, alcune ne soffrono in una gravidanza e non nella successiva, o viceversa. I ricercatori, tutt'oggi, non sono stati in grado di trovarne la causa. Ad ogni modo, anche se ti senti malissimo, non devi preoccuparti per il bambino, a meno che tu non riesca proprio a tenere giù niente: riceverà tutto ciò di cui ha bisogno da te.

A seguire troverai una lista di alcune "cure" attraverso le quali diverse donne hanno detto di aver trovato sollievo, sebbene ci siano poche ricerche che dimostrino il loro funzionamento:

✓ acqua frizzante,
✓ succhiare cubetti di ghiaccio,
✓ piccoli pasti frequenti,
✓ braccialetti da viaggio,
✓ alimenti e bevande che contengono zenzero (come biscotti allo zenzero, camomilla e tè allo zenzero, ginger ale e zenzero cristallizzato).

Se sei in una situazione in cui non riesci a trattenere nulla nello stomaco, parla con un medico o un'ostetrica.

Oltre alla nausea, alcune donne soffrono di orribili mal di testa, che a volte possono essere causati da ormoni o disidratazione. I seguenti suggerimenti potrebbero aiutare:

- cerca di riposare quando puoi,
- trova modi per rilassarti, come lo yoga,
- se hai bisogno di medicine, assicurati di prendere la dose raccomandata;
- il paracetamolo di solito è un medicinale sicuro durante la gravidanza, ma non tutti gli antidolorifici sono così: se stai pensando di assumere un altro antidolorifico, assicurati di controllare la sua sicurezza con il farmacista;
- se i dolori non vanno via, è importante andare dal tuo medico di famiglia o dalla ginecologa.

Parecchie donne si sentono estremamente stanche durante i primi tre mesi. Il tuo corpo sta lavorando molto duramente, quindi non sorprende affatto questo bisogno di dormire di più. Ricorda solo che questa fase non durerà per sempre e la profonda stanchezza che senti adesso, di solito, passa quando raggiungi il secondo trimestre. Se puoi, dormi più ore andando a letto prima.

Se dovessi sentirti più emotiva e/o scoppiare in lacrime per le più piccole cose sappi che va tutto bene: il tuo umore sta facendo le capriole a causa degli ormoni della gravidanza, quindi non ti preoccupare, è normale, ma se ti senti triste più spesso rispetto ai momenti in cui ti senti felice e la sensazione non va via, parlane con qualcuno o, perlomeno, con un medico.

Settimana numero 7

Il tuo bambino inizia ad assumere sembianze quasi "aliene", poiché la testa cresce più velocemente del resto del corpo: questo accade per fare spazio al cervello, ora in rapido sviluppo. La cartilagine comincia a formarsi nelle sue piccolissime braccia e gambe, che si allungano e si appiattiscono alle estremità: inizia la formazione delle mani.

Una delicata rete di nervi si sta diffondendo attraverso il suo corpo. Sta per iniziare a fare piccoli movimenti costanti, poiché il suo cervello e il midollo spinale inviano segnali ai muscoli del corpo. Presto sarà in grado di provare sensazioni, come la temperatura e il gusto.

Potresti notare che hai bisogno di urinare più spesso: questo inizia a diventare evidente già agli albori della gravidanza grazie agli ormoni, e il bisogno continuerà ad aumentare via via che il tuo grembo, crescendo, premerà sulla vescica.

Con la crescita progressiva del pancione, il baricentro del corpo si sposta in avanti, portando a inevitabili dolori alla schiena, specie se si evita il problema a lungo stando sedute. I dolori lombari sono dovuti anche agli ormoni della gravidanza che portano ad "ammorbidire" sia tendini sia legamenti. Il tutto grava così sulla spina dorsale fino ad assumere l'aspetto di *lordosi*. È consigliabile, perciò, praticare allenamenti di resistenza e stabilizzazione, tra cui esercizi di allungamento e rilassamento, in modo da alleviare le infiammazioni e irrobustire quanto più possibile le articolazioni.

Vediamo, nella pratica, qualche utile consiglio da seguire mentre si è in piedi:

- tenere le gambe leggermente più divaricate e i piedi paralleli per distribuire meglio il peso corporeo,
- stare con le ginocchia leggermente piegate,
- tenere il petto in alto e le spalle in avanti,
- camminare con la testa dritta davanti a sé e non spostarla eccessivamente verso terra.

Mentre si è seduti:

- tenere spazio di movimento davanti a sé, con la seduta spostata all'indietro,
- porre un cuscino posturale o un cuscino in corrispondenza della zona lombare,
- provare a stare seduti in equilibrio su una palla da ginnastica per migliorare la muscolatura.

Se deciderai di affiancare la routine quotidiana con uno sport o attività fisica, è più probabile che tu mantenga l'impegno se farai qualcosa che ti piace davvero, e non solo perché ti è stato consigliato. Ogni donna potrà trovare giovamento in determinati esercizi o meno impegnativo praticarne alcuni piuttosto che altri. L'aerobica è un buon modo per tenerti in forma, oppure puoi provare a nuotare, fare ginnastica in acqua, camminare a passo spedito, praticare yoga o esercizi in palestra idonei. Ascolta te stessa e segui il tuo istinto: qualunque cosa funzioni per te va benissimo.

Settimana numero 8

Ora il tuo bambino inizia a sembrare una piccola persona. La testa si distende un po' nell'utero, le braccia sono più lunghe delle gambe perché, come abbiamo detto in precedenza, la testa e la parte superiore del corpo crescono più velocemente.

Il tuo bambino è comodo e protetto nel suo sacco amniotico. La placenta si sta preparando ad assumere il compito di prendersi cura di lui, formando "villi coriali" che lo aiuteranno ad attaccarsi alla parete dell'utero. In questa fase dello sviluppo, però, riceve ancora sostanze nutritive dal sacco.

A otto settimane il bambino è chiamato "feto", ma per quanto riguarda l'argomento di comunicare la notizia agli altri, questa rimane una scelta completamente personale, tua e del tuo partner. Molte persone decidono di non comunicarlo fino a quando il bambino non ha superato le 12 settimane: dopo tre mesi il rischio di aborto diminuisce sensibilmente. Tuttavia, se dovessi avere un aborto spontaneo precoce, cerca di trovare il modo di chiedere aiuto a qualcuno a te caro: considera di comunicare la tua gravidanza a qualcuno di cui ti fidi prima della fine dei tre mesi.

Se sei preoccupata che il tuo lavoro possa essere un rischio per la tua salute, dì al tuo capo che sei incinta. Dovrà obbligatoriamente rimuovere i possibili rischi, o potrebbe anche offrirti una mansione diversa e più sicura da portare avanti durante la gravidanza.

I fattori che potrebbero costituire un rischio sono:

- sollevamento o trasporto di carichi pesanti,
- stare in piedi o seduti per lunghi periodi senza pause,

- essere esposta a sostanze tossiche,
- lunghe ore di lavoro.

Se il tuo datore di lavoro non fosse in grado di garantirti un ambiente sicuro, dovrebbe sospenderti senza ripercussioni sullo stipendio.

Nelle settimane successive, avrai il tuo appuntamento per il monitoraggio con un'ostetrica. Ti verranno chieste molte informazioni sulla tua salute fisica ed emotiva, sulla salute della tua famiglia, su eventuali condizioni mediche che hai e sul tuo stile di vita. Questa prima visita può richiedere fino a un'ora, quindi concediti un bel po' di tempo. Le tue risposte possono aiutarti a essere sicura che il team prenatale ti offrirà il giusto supporto. Dopotutto, il loro compito è quello di assicurarsi che tu abbia la migliore assistenza possibile durante la gravidanza!

Il tuo appuntamento è anche una grande opportunità per fare qualsiasi domanda tu possa avere sulla gravidanza e sulla nascita. Ad esempio, potresti voler conoscere lo screening e i test diagnostici, o discutere dove ti piacerebbe partorire. È anche un'opportunità per chiedere alla tua ginecologa il modulo di prescrizione gratuito (FW8) che ti consente di richiedere un'esenzione per maternità del SSN. La tua ginecologa dovrà firmarlo in modo da poter ottenere le tue prescrizioni gratuitamente.

Settimana numero 9

A volte ti chiedi di che colore saranno gli occhi del tuo bambino? Ebbene, alla nona settimana il colore dell'iride sta già iniziando a formarsi e si stanno anche già sagomando le palpebre, così come le papille gustative. Anche i genitali del tuo bambino stanno cominciando a svilupparsi. Un piccolo bocciolo cresce tra le gambe: questo si svilupperà gradualmente in un clitoride o un pene. Ormai il tuo bambino sta iniziando a muoversi nel grembo materno, ma ci vorranno alcune settimane prima che tu possa sentirlo.

Il primo trimestre può essere duro. Malesseri, stress, ansie: tutte cose che potresti cercare di tenere lontane da amici e colleghi, ma che potrebbero comunque farti sentire giù. Non demordere: la fine del primo trimestre sta arrivando e il secondo è spesso il più sereno. Ora, il progesterone e gli estrogeni inondano il tuo corpo e possono portare a cambiamenti emotivi piuttosto forti. Ormoni a parte, preoccuparsi per la salute del tuo bambino, le finanze e il futuro può essere parte del motivo per cui ti senti così ansiosa. Prendersi del tempo per te stessa diventa quindi una parte importante per la tua salute emotiva. A volte è difficile, ma cerca di evitare lo stress il più possibile. Ad esempio, se hai avuto una discussione con il tuo partner, coi tuoi amici o i tuoi genitori, o se sei solo stufa e ti senti stanca, fai un bagno caldo, rilassati con un po' di musica, leggi un libro o chiudi semplicemente gli occhi per qualche minuto.

Se dovessi avere qualche voglia, cerca di resistere il più possibile e, piuttosto, tieni una scorta di snack sani a portata di mano. Per esempio, sapevi che le albicocche secche contengono acido folico, potassio, calcio e magnesio? Sono un'ottima opzione per potenziare le tue riserve di ferro e scongiurare l'anemia della gravidanza. Possono anche scacciare la digestione lenta tipica della gravidanza.

Settimana numero 10

Se potessi vedere la sua faccia, noteresti il labbro superiore e due minuscole narici. Gli occhi del tuo bambino possono già reagire alla luce. Le sue palpebre sono semichiuse e si chiuderanno completamente in pochi giorni. La sua mascella si sta sviluppando e contiene già tutti i suoi denti da latte. Un'ecografia in questa fase mostrerebbe il tuo bambino mentre fa piccoli movimenti a scatti.

D'altra parte, il tuo sistema digestivo sta rallentando e questo può farti sentire gonfia o creare indigestione e bruciore di stomaco. In questi casi non è insolito avere crampi mentre il feto si insedia nella parete dell'utero. Questo può anche causare qualche episodio di *spotting*. Anche se è improbabile che sia dannoso, consulta sempre un medico per sicurezza.

Il tuo corpo è pieno di sorprese in gravidanza, alcune più imbarazzanti di altre. Un leggero aumento di perdite/liquidi vaginali durante la gravidanza è normale. Se si tratta di un fluido lattiginoso dall'odore delicato, va bene: infatti, il tuo corpo crea questo "scarico" per aiutare a prevenire le infezioni che dalla vagina arrivano fino all'utero. Tuttavia, se hai perdite verdi, gialle o marroni - o se stai sanguinando - dovresti contattare la tua ginecologa.

La prima ecografia può essere un'esperienza molto emotiva poiché vedrai il tuo bambino per la prima volta. Durante questa visita, avrai inoltre:

- ✓ conferma della data stimata del parto, guardando la grandezza e l'indice di crescita del tuo bambino,
- ✓ puoi scoprire se stai aspettando più di un bambino,
- ✓ si potrà ricorrere a una *traslucenza nucale*, un test di screening per la valutazione di malattie cromosomiche che permette di identificare i feti con la sindrome di Down tempestivamente (il 75-80% dei casi viene trovato in questo modo, con una percentuale del 5-8% di falsi positivi), così come la sindrome di Edward e la sindrome di Patau. Il rischio di avere un bambino affetto da queste sindromi aumenta con l'aumentare dell'età materna

(in particolare per la sindrome di Down), mentre diminuisce sensibilmente nelle gravidanze di madri giovani (20-30 anni): dopo i 35 anni il rischio diventa rilevante. Per calcolare l'indice di rischio, esiste il "triplo test", basato sul dosaggio di tre marker nel sangue: alfa-fetoproteina, gonadotropina corionica umana ed estriolo non coniugato. Il quad test prevede l'aggiunta di un ulteriore marker sierico, l'inibina.

Settimana numero 11

Ora stai arrivando alla fine del primo trimestre, il tuo bambino inizia a sembrare un bambino vero e proprio e presto si inizierà a vedere la pancia. Se potessi vedere la mano del tuo bambino noteresti che ora ha anche unghie piccole e delicate, segno che le sue dita e i suoi piedi stanno iniziando a formarsi in modo completo. Gli occhi del tuo bambino si sono chiusi completamente e non si riapriranno fino alla 26esima settimana. I suoi reni stanno facendo pipì e il suo stomaco sta producendo succo gastrico. Il tuo bambino non ha più bisogno del tuo sacco ricco di sostanze nutritive, perché altri organi hanno preso il sopravvento.

Qualche dolore o disagio allo stomaco è normale in gravidanza, poiché i muscoli dello stomaco e i legamenti si allungano per adattarsi al grembo che cresce. Tuttavia, se hai un dolore addominale o di stomaco persistente, dovresti controllare subito con un medico o un'ostetrica che vada tutto bene. Potresti anche notare una linea verticale scura che sale lungo la pancia: è chiamata *linea nigra* o *linea alba*. Non c'è nulla di cui preoccuparsi e scomparirà qualche tempo dopo il parto.

Il tuo tasso metabolico (tutto il lavoro che il tuo corpo fa per mantenerti in vita) è aumentato e il tuo corpo sta lavorando molto duramente per sostenere la nuova vita al suo interno. Questo, gli ormoni e il sangue in più pompato dal tuo corpo, possono farti sentire più calda del normale. Bevi molta acqua e vestiti a strati.

Potresti notare che i tuoi vestiti sono più stretti ora, e la tua vita inizia ad aumentare. Prova a indossare capi larghi per comodità: la pancia inizia a farsi vedere, soprattutto se questa non è la tua prima gravidanza. La sua grandezza varia molto da donna a donna, però, quindi non preoccuparti se il tuo pancione non dovesse vedersi ancora... arriverà!

Settimana numero 12

Sono state settimane impegnative, ma ora tutto è a posto: gli organi, gli arti, le ossa e i muscoli sono formati e in crescita. Il tuo bambino, anche se piccolo, è ora completo e ha le dimensioni di una prugna.

D'ora in poi, il tuo bambino crescerà, crescerà, crescerà! Anche la placenta è completamente sviluppata. Lo scheletro della cartilagine sta iniziando a trasformarsi in osso duro. Anche se non puoi ancora sentirlo, lui/lei si muove, saluta e balla.

Tra la 11esima e la 13esima settimana (+6) ti verrà fatta la tua prima ecografia (secondo le linee guida SIEOG) dove avrai la possibilità di vedere un barlume della piccola vita dentro di te. A volte è nota come ecografia della data del parto, in quanto il medico sarà in grado di verificare la tua *data di scadenza* in modo preciso. Lo scan può essere svolto in ospedale, dove otterrai la *foto* del tuo bambino. Lo scopo principale, però è quello di verificare il corretto impianto della gravidanza (dunque scongiurare la possibilità di un impianto in utero), il numero di embrioni presenti e annotare l'eventuale presenza di attività cardiaca. Questo è un momento in cui vale anche la pena chiedere alla tua ginecologa informazioni sulle lezioni preparto disponibili nella tua zona. È probabile che il tuo ospedale offra corsi gratuiti, in cui verranno spiegati il parto, i piani di nascita, l'allattamento al seno e i primi giorni con il tuo bambino. Le classi prenatali, di solito, non iniziano fino alla metà o fino alla fine della gravidanza; possono essere prenotate rapidamente, ma vale la pena iscriversi il prima possibile.

Inoltre, gli ormoni della gravidanza possono essere piuttosto aggressivi e determinare problemini anche con i denti (come gengive sanguinanti), quindi dovrai prenderti cura della tua igiene orale con un po' di accortezza in più.

Ricordati di fissare un appuntamento per l'ecografia morfologica (obbligatoria) per la biometria fetale, dove verranno controllati tutti gli organi del feto in maniera approfondita, tra cui anche il controllo della placenta, di possibili malformazioni e la quantità di liquido amniotico. È importante farla entro la 23esima settimana, in quanto dopo tale data, la Legge non permette l'interruzione di gravidanza anche in caso di gravi malformazioni fetali.

Le difficoltà del primo trimestre

Nausea, estrema stanchezza, dolore al seno, crampi... il primo trimestre non è sempre facile. Ecco alcuni consigli per farti passare le prime 12 settimane il più in fretta possibile.

STANCHEZZA

La stanchezza durante la gravidanza può essere totale: come se stessi camminando attraverso una fitta nebbia per giorni e giorni, ma non esiste una cura purtroppo. Ci sono alcune cose che puoi comunque provare per alleviare la stanchezza (o almeno farti passare la giornata):

- un leggero esercizio fisico, o semplicemente rimanere attivi, può darti più energia,
- andare a letto prima può farti sentire più carica la mattina,
- mangiare bene (cibi ricchi di ferro, per prevenire l'anemia della gravidanza, e cibi a lento rilascio energetico),
- farsi aiutare nei lavori domestici.

IL BISOGNO DI URINARE PIÙ SPESSO

Potresti notare che è necessario andare in bagno più spesso del solito. Questo bisogno impellente il più delle volte comincia a diventare serio all'inizio della gravidanza, a causa degli ormoni, e diventa appunto più incidente mentre il tuo grembo, crescendo, preme sempre più sulla vescica. Potresti anche sentirti più assetata di quanto non sei di solito. Il tuo corpo ha bisogno di liquidi extra durante la gravidanza per supportare la circolazione sanguigna del bambino, il liquido amniotico e il volume di sangue più alto.

NAUSEE MATTUTINE

Se non riesci a trattenere nulla, ti ritrovi a vomitare per gli odori che, invece, una volta erano innocenti, o se sei costantemente nauseata... va tutto bene. Ma se il fastidio persiste, allora varrà la pena provare queste cose:

- individua i momenti in cui sei più colpita (ad esempio la mattina o la sera presto) e pensa a cosa potrebbe scatenarle. Prova a mangiare uno spuntino per aumentare il livello di zucchero nel sangue prima degli attacchi. Tieni il cibo vicino al letto per sgranocchiare qualcosa prima di alzarti la mattina.
- Prova i braccialetti da viaggio: la ricerca mostra che l'agopuntura (l'applicazione di aghi in pressione su

 66

alcune parti del corpo) aiuta il cervello a rilasciare sostanze chimiche che agiscono sulla nausea.

- Mangia cibi o bevande con lo zenzero.
- Mangia in piccoli pasti, o snack, durante tutto il giorno (invece di grandi piatti).
- Riposati: la stanchezza può peggiorare la nausea.
- Mantieniti idratata, ma bevi a piccoli sorsi per aiutare a mantenere bassi i liquidi: prova con acqua frizzante o con cubetti di ghiaccio da succhiare.
- Parla con qualcuno al lavoro (o con i tuoi amici): possono offrirti il supporto di cui hai bisogno.

Se non riesci a trattenere nulla, informa la tua ginecologa o il tuo medico di famiglia il prima possibile: potresti avere una grave forma di nausea e/o vomito chiamata iperemesi grave, che richiede uno specialista.

CRAMPI ALLO STOMACO

Non è insolito soffrire di crampi periodici nel primo trimestre, soprattutto quando l'embrione si deposita nell'utero e quest'ultimo e la placenta iniziano a crescere: non c'è niente che non va. Tuttavia, se i crampi non dovessero andare via, vai a fare un controllo.

Cerca di resistere: hai quasi superato la fase critica. Prendi conforto dal fatto che la stanchezza, la nausea e gli stati d'animo imprevedibili sono tutti causati dagli ormoni, che aiutano a mantenere il tuo bambino sicuro nel suo rivestimento uterino e che lo fanno crescere velocemente. Ciononostante, non esitare a parlare con la tua ginecologa se dovessi avere bisogno di un aiuto extra.

CONFIDARSI CON QUALCUNO

Quello che sta succedendo al tuo corpo, alla tua mente e alla tua esistenza è un evento dalla portata gigantesca: una vita che cresce dentro di te, una piccola persona che ti accompagnerà per sempre e alla quale insegnerai tutti i segreti del mondo! È normale sentirsi agitati e preoccupati e non c'è nulla di male se non te la senti ancora di condividere la notizia con gli altri. Ad ogni modo, cerca di rendere partecipi le persone a cui tieni di più, o chi reputi più adatto ad avere questa informazione (che sia il tuo partner, un tuo amico o una tua amica, un parente o, semplicemente, la tua mamma). Durante una gravidanza accadono davvero tante cose e il tuo corpo incorre in moltissimi cambiamenti, sia interni sia esterni, che potrebbero metterti in condizioni particolari. Per questo diventa fondamentale avere qualcuno accanto con cui confidarsi, a cui chiedere consiglio o, più semplicemente, con cui sognare ad occhi aperti! Nel caso in cui dovessi avere qualche problema di salute, inoltre, questa persona saprebbe aiutarti, rimanendoti accanto e/o consigliandoti delle soluzioni efficaci. Se dovessi avere una situazione lavorativa stressante, questo sarebbe un motivo in più per confidarti con una persona a te cara: potresti aver bisogno di aiuto per gestire le nausee mattutine e il lavoro d'ufficio, la stanchezza e le scadenze, o più banalmente le domande dei colleghi e di chi non vuoi ancora che sappia che sei incinta. Avere accanto qualcuno che può supportarti e coprirti nei momenti difficili è davvero fondamentale.

IL TUO UMORE NEL PRIMO TRIMESTRE

Il progesterone e gli estrogeni che si riversano nel tuo corpo nel primo trimestre possono farti piangere per piccole cose che non ti avrebbero fatto piangere in passato. Questo è normale e gli ormoni ne sono responsabili.

Tuttavia, non è raro che le donne incinte siano anche colpite da depressione e da forte ansia. Può capitare anche a donne che non hanno mai avuto problemi di salute mentale in precedenza. Per cui, se ti senti insolitamente triste o anche solo diversa dal solito, valuta la possibilità di chiedere aiuto. Le prime 12 settimane possono essere particolarmente difficili soprattutto nel caso avessi avuto un precedente aborto spontaneo: la paura che possa accadere di nuovo può essere totalizzante. Parla con la tua ginecologa di quale tipologia di supporto potresti beneficiare (come, ad esempio, le sessioni di consulenza).

La depressione post partum, ad esempio, è un disturbo dell'umore che si verifica per almeno 2 settimane (ma spesso prosegue) dopo il parto, interferendo in maniera piuttosto seria su tutte le attività quotidiane. Ha un'incidenza del 10-15%, ma aumenta nel caso di:

- *baby blues*, cioè un insieme di reazioni e sensazioni negative nei primi giorni post-partum. Sono caratterizzate da rapidi sbalzi d'umore, irritabilità e inquietudine, ansia o malinconia, diminuzione della concentrazione, insonnia, pianto);
- evento già sopravvenuto in una gravidanza precedente;
- attuale o precedente stato di depressione;
- storia familiare di depressione;
- stress intenso (come quello causato da conflitti coniugali, eventi traumatici nel periodo della gravidanza, disoccupazione e problemi economici, assenza del partner/ partner affetto da malattie e/o depressione);
- partner assente o una famiglia che non fornisce supporto (economico o emotivo);
- sindrome premestruale intensa;
- cambi gravi di umore a seguito dell'uso di contraccettivi orali;
- esperienze di gravidanza pregresse problematiche e/o traumatiche (come nei casi di aborto spontaneo, parti pretermine, neonati ricoverati in terapia intensiva, o con malformazioni);

- dubbio o ansia sulle decisioni riguardo la gravidanza (decisioni sulla sua interruzione prese o no in considerazione, volontà o meno di diventare madre);
- problemi di allattamento al seno (dolore, il bambino non si attacca, ecc.)

Per riconoscere i sintomi, ricordati di annotare se dovessi sentirti estremamente triste, o se avessi forti crisi di pianto incontrollate seguite o anticipate da gravi sbalzi d'umore, con comportamenti anormali o non tipici della tua personalità, se fossi soggetta a insonnia, perdita di appetito o iperfagia, forte irritabilità e frequenti episodi di rabbia, mal di testa e attacchi di panico. Presta particolare attenzione anche ai tuoi pensieri, come: preoccupazioni eccessive, parziale o totale disinteresse verso tuo figlio, paura di non essere capace di prendertene cura, così come la paura di ferirlo o fargli del male, seguita da forte senso di colpa per le tue emozioni e pensieri tanto da arrivare a pensare al suicidio.

Se dovessi sentirti così cerca aiuto. La depressione post partum non è né motivo di vergogna, né colpa tua! Ricordati che fare la madre è un compito difficile e, fondamentalmente, oneroso. Ogni donna vive la gravidanza e la maternità in modi diversi, per questo è fondamentale farsi aiutare dai medici, dai propri cari e, perché no, da se stesse. Prenditi cura della tua sensibilità e delle tue emozioni, così come del tuo corpo e della tua vita. Non ignorare nessun segno d'allarme e ricorda: cercare aiuto fa parte del percorso.

Secondo trimestre

La maggior parte delle donne trova il secondo trimestre di gravidanza più facile del primo, ma è altrettanto importante rimanere informati durante questi mesi.

Il secondo trimestre di gravidanza è spesso chiamato "periodo d'oro" perché molti degli effetti spiacevoli della prima fase scompaiono. Durante il secondo trimestre è probabile che si verifichi una diminuzione della nausea, il sonno migliorerà e aumenterà anche il livello di energia. Mentre il tuo corpo cambia per fare spazio al bambino, potresti avere:

- dolori al corpo, alla schiena, all'addome, all'inguine o alle cosce;
- smagliature su addome, seno, cosce o glutei;
- inscurimento della pelle intorno ai capezzoli;
- una linea sulla pelle che va dall'ombelico all'attaccatura pubica (linea nigra o linea alba);
- macchie di pelle più scura, di solito sulle guance, sulla fronte, sul naso o sul labbro superiore, conosciute anche con il termine iperpigmentazione del viso, su entrambi i lati. Comunemente definita "maschera della gravidanza", il malasma (o cloasma) può apparire sul viso, sulla cute, sui capelli e peli bruni. Si accentua con l'esposizione solare, dunque cerca di proteggerti dal sole;
- mani sensibili o formicolanti (sindrome del tunnel carpale);
- prurito sull'addome, sui palmi e sulle piante dei piedi (chiama il tuo medico se hai nausea, perdita di appetito, vomito, ittero o affaticamento combinato al prurito. Questi possono essere segni di un grave problema al fegato o altre infezioni);
- gonfiore alle caviglie e alle dita.

Noterai anche un cambiamento positivo nella composizione della tua pelle del viso: grazie all'irrorazione dell'epidermide, il volume del sangue aumenta, dilatando i capillari e generando più flusso sanguigno e rendendo la pelle luminosa e bellissima. Ricordati comunque di proteggerti dal sole per evitare di sviluppare macchie!

In qualsiasi momento, tra le 16 settimane e le 20 settimane, potresti sentire i primi movimenti del bambino, che subirà molti cambiamenti durante questo periodo e crescerà da circa 10-12 centimetri a circa 30 centimetri, passando da circa 85 grammi a 0,1 kg o più. Oltre alle principali strutture e organi, durante il secondo trimestre si formeranno anche altre parti importanti del corpo, tra cui:

- lo scheletro
- i tessuti muscolari
- la pelle
- le sopracciglia
- le ciglia
- le unghie
- le cellule sanguigne
- le papille gustative
- le impronte digitali
- i capelli
- se il feto è maschio, i testicoli inizieranno ora a cadere nello scroto. Se il feto è femmina, cominceranno a formarsi le ovaie.

Il bambino ora ha un ritmo di sonno e di veglia regolari. Può anche sentire suoni dall'esterno dell'utero e inizierà a deglutire, un'abilità importante dopo il parto.

Questo è il momento degli esami del sangue e della seconda ecografia delle 20 settimane, in cui avrai l'occasione di osservare come sta crescendo il bambino e se ci sono dei motivi di preoccupazione.

Se non ci hai già pensato, è un buon momento per iniziare a pensare a dove e come vorresti partorire, che sia parto in casa,

 72

o parto in ospedale. Se tutto questo ti spaventa, non preoccuparti: la tua ginecologa sarà lì per supportarti e spiegarti quali sono le tue alternative. Passerai da principiante a esperta in poche settimane!

Potresti voler chiedere il sesso del bambino durante le scansioni. Questa è una decisione molto personale: alcuni sono entusiasti di scoprirlo e altri preferiscono avere una sorpresa alla nascita. Tieni presente, tuttavia, che una scansione non sempre mostra il sesso del bambino e, a volte, ciò che ti viene detto potrebbe rivelarsi sbagliato.

Settimana numero 13

Il tuo bambino sta crescendo velocemente e potrebbe darsi che stia *crescendo* anche tu! Il tuo bambino ora pesa circa 25 g. Anche se non sentirai un grande movimento, il bambino si sta sicuramente muovendo dentro di te, ma col passare del tempo gli scatti diventeranno più lenti.

Ora le mani del tuo bambino trovano la strada per la bocca e a volte sembra che stia sbadigliando. In questa fase dorme solo per pochi minuti alla volta, ma tra qualche tempo inizierà a dormire per periodi più lunghi. Le ovaie o i testicoli si sono sviluppati all'interno del suo corpo e un piccolo pene o clitoride si sta formando dove prima c'era solo un bernoccolo.

Ricordati che la gravidanza e il parto mettono a dura prova il tuo pavimento pelvico: più riesci a rafforzare i tuoi muscoli ora, meglio sarà per il parto e dopo. Il lavoro di questi muscoli ti aiuterà anche a prevenire perdite quando ridi, starnutisci o tossisci. Potresti fare una serie di esercizi per il pavimento pelvico ogni volta che ti lavi i denti, mentre aspetti l'autobus o accendi il bollitore.

Settimana numero 14

Il tuo bimbo ora ha le dimensioni di un kiwi, e misura circa 85 mm dalla parte superiore della testa alla parte inferiore. Inizia anche a ingoiare piccoli sorsi di liquido amniotico, che entra nel suo stomaco, attraversa i suoi reni e ritorna come urina. La tua ginecologa potrà ascoltare il battito cardiaco dalle 14 settimane attraverso un monitor che misura la frequenza cardiaca fetale (noto come doppler portatile), che verrà posizionato sulla pancia. Ricorda che solo un professionista qualificato può monitorare il battito cardiaco del bambino.

Il tuo rapporto con il partner potrebbe cambiare ora, avendo una nuova persona di cui prendersi cura nel prossimo futuro. Può anche sembrare strano se, da un lato, tu sei molto consapevole della tua gravidanza, ma dall'altro il tuo partner non sembra sentirsi allo stesso modo. Alcuni riescono a realizzare che "c'è un bambino in arrivo" solo sentendo il battito, o durante un'ecografia o un appuntamento prenatale. È bello parlare e condividere i propri sentimenti sull'attesa.

Dopo la 12esima settimana, e superata la soglia "di rischio", potresti sentirti molto più positiva, iniziando a goderti di più la tua gravidanza. Se questo non è il tuo caso e ti senti ancora ansiosa e infelice, è possibile che tu soffra di più di una semplice tristezza. Non agitarti: quasi una donna su dieci ha un qualche tipo di problema di salute mentale in gravidanza, anche se spesso questi vengono ignorati e ricondotti semplicemente agli ormoni. Se credi di soffrire di ansia o depressione, forse questo è il momento giusto per cercare aiuto in una figura professionale.

Oltre al fattore mentale, potresti anche avere forti dolori su entrambi i lati della pancia, che peggiorano quando ti muovi. Questi sono chiamati "rotture del legamento" e non sono nulla di cui preoccuparsi. Sono causati da tutto lo stretching che il tuo grembo si sta impegnando a fare mentre cresce rapidamente di dimensioni. E non preoccuparti se noti delle macchie gialle nel reggiseno: è probabilmente un piccolo pezzo di colostro - il primo latte prodotto dalle mamme - che fuoriesce dai capezzoli. I seni possono iniziare a produrre latte già a partire dalle 14 settimane di gravidanza. È possibile utilizzare un dischetto assorbente per evitare che penetri attraverso i vestiti.

Per alcune donne, l'impulso sessuale aumenta durante la gravidanza a causa dell'aumento del flusso sanguigno nella zona pelvica e anche gli ormoni possono essere responsabili dell'aumento del tuo desiderio sessuale. Avere rapporti durante la gravidanza è sicuro anche negli stadi finali.

Settimana numero 15

Il tuo bambino ha ora le dimensioni di una piccola pera. Il suo udito si sta sviluppando e da ora in poi potrebbe anche essere in grado di sentire la tua voce, il suono confortante del tuo battito cardiaco e quelli più attutiti del mondo esterno. Anche i suoi occhi sono più vigili, infatti a breve inizierà a percepire la luce fuori dalla pancia.

Il suo corpo è coperto di fine peluria, chiamata lanugine, che di solito scompare poco prima della nascita, a meno che tu non partorisca prima. Durante questa settimana il bambino potrebbe iniziare ad avere il singhiozzo ogni tanto. Più tardi, invece, sarai probabilmente in grado di sentire piccoli battiti ritmici.

Ora che il pancione sta diventando più evidente, potresti sentirti come se avessi bisogno di proteggerlo, ma non ti preoccupare: non c'è alcun pericolo. Cerca ovviamente di evitare attività estreme, come le immersioni subacquee e gli sport di contatto.

 75

Settimana numero 16

Il tuo bambino ora ha circa le dimensioni di un limone. Hai sentito scalpitare? Hai forse la sensazione di avere delle bollicine in pancia? Potrebbe essere il tuo bambino che si muove! Non preoccuparti se non hai ancora sentito niente, però: è ancora presto.

Il suo sistema nervoso continua a svilupparsi e i muscoli dei suoi piccoli arti ora possono flettersi, il che significa che possono fare a pugni, ma potrebbero anche afferrare e tirare il cordone ombelicale. Se potessi vedere la sua faccia, noteresti tutte le sue espressioni facciali, mentre aggrotta le sopracciglia o guarda un po' storto. Per quanto possa essere tenero, ancora non può controllare i muscoli facciali, quindi le sue espressioni sono involontarie.

Dopo la 16esima settimana, sdraiarsi o fare esercizi che mettano in gioco la schiena a volte potrebbe causare bassa pressione sanguigna e vertigini. Cerca di evitare di sdraiarti prona per lunghi periodi di tempo e se fai lezioni di yoga o pilates, informa il tuo istruttore o la tua istruttrice in modo che possa adattare gli esercizi alle tue esigenze.

Forse sarai sollevata di essere arrivata a questo punto della gravidanza, ma adesso potresti anche iniziare a pensare a come la vita cambierà, sia per te che per le tue relazioni. Se hai un partner, prenditi del tempo da passare con lui/lei. Quando il tuo bambino nascerà, il tempo che potrete trascorrere da soli sarà limitato per un po'.

Se ti senti in ansia per la gravidanza o per qualsiasi altro problema, è assolutamente legittimo prendersi un po' di tempo per parlare dei tuoi sentimenti con qualcuno vicino a te. Chiama la tua ginecologa e condividi le tue preoccupazioni sulla gravidanza.

Quando sei alla 16esima settimana, ci sarà un secondo appuntamento prenatale per controllare le dimensioni del bambino e lo sviluppo fetale: qui potrai ascoltare il battito cardiaco del tuo bambino e ottenere i risultati di eventuali esami del sangue. Ad ogni appuntamento prenatale, d'ora in poi, la tua ginecologa prenderà la tua pressione sanguigna e controllerà un campione di urina per monitorare l'aumento della proteina, di modo da essere sicuri di non correre il rischio di sviluppare una preeclampsia. Potresti anche decidere di fare gli esami del sangue per il diabete gestazionale, consigliato nelle donne a rischio. Può essere fatto tra le 16° e la 18° settimana se la mamma è affetta da grave obesità, ha avuto già il diabete in precedenti gravidanze o ha una glicemia a digiuno alta. Altrimenti, viene fatto tra la 24° e la 28° settimana.

Settimana numero 17

Il tuo bambino ora ha le dimensioni di un'arancia, circa 12 cm di lunghezza, e pesa circa 150 g e di conseguenza il tuo pancione sta diventando più grande. Se potessi vedere il viso del tuo bambino, noteresti che ora ha ciglia e sopracciglia; se potessi prendere la sua mano, vedresti che ha già un'impronta digitale tutta sua. Ma non è l'unica novità: prima, la testa del bambino era più grande in proporzione al corpo. Ora, invece, comincia a crescere e a rinforzarsi, uniformando le sue proporzioni, tanto che perfino le ossa dei piedi iniziano a indurirsi.

Adesso gli occhi del tuo bambino possono muoversi, anche se le palpebre sono ancora chiuse e non si riapriranno fino alla 26esima settimana. La placenta continua a crescere per soddisfare i bisogni del tuo bambino e al momento del parto peserà circa 500 g.

Il girovita inizierà a scomparire man mano che la pancia si muoverà fuori dal bacino, diventando di conseguenza più evidente. Se hai già avuto una gravidanza in passato, il tuo pancione potrebbe iniziare a farsi vedere un po' prima rispetto alla prima volta. Vedendola crescere, ti sentirai sicuramente più felice e più fiduciosa, e lo sarai ancora di più quando sentirai il bambino muoversi.

Settimana numero 18

Una volta nato, potresti trovare i "rumori bianchi" (ad esempio il suono del phon, dell'aspirapolvere, ecc.) utili per aiutare il tuo bambino a dormire. Il motivo della loro efficacia risiede nel fatto che i neonati sono abituati al rumore fin da sempre: l'utero è tutt'altro che silenzioso e a 18 settimane i bimbi possono sentire e reagire ai suoni intorno a loro, perfino alla musica.

Mentre il pancione cresce e gli ormoni fanno rilassare i tuoi muscoli e i legamenti, la tua schiena inizia a fare qualche capriccio. Se dovessi iniziare a soffrire di mal di schiena, questi suggerimenti potrebbero aiutarti:

- evita sollevamenti pesanti;
- scegli un materasso più rigido o fatti fare un massaggio;
- esercitati in acqua o segui qualche classe per la cura della schiena;
- se il dolore è troppo forte, chiedi al tuo medico o alla tua ginecologa di indirizzarti verso un buon fisioterapista.

Tra le 18 e le 21 settimane potrai effettuare la tua seconda ecografia, nota come "anomalia fetale" per controllare lo sviluppo fisico del tuo bambino. Durante questa seduta potresti farti dire il sesso del bambino. Se preferisci non

saperlo, dillo subito così i medici non riveleranno accidentalmente il genere in un momento di leggerezza.

Ora è un buon momento anche per aggiungere qualche vestito premaman al tuo guardaroba, se non lo hai già fatto. Pantaloni o gonne elasticizzate, o quantomeno larghe intorno alla vita, ti faranno sentire immediatamente più comoda. Non è necessario spendere molto per i vestiti prenatali, anche perché non ne avrai bisogno a lungo. Molti negozi hanno varie marche per la maternità piuttosto convenienti, mentre puoi risparmiare denaro se scegli di:

- farti prestare i vestiti da qualche amica che ha già avuto un figlio,
- guardare su siti Internet a buon mercato,
- preferire i negozi dell'usato.

Settimana numero 19

Il tuo bambino ora ha la lunghezza di una banana e potresti iniziare a sentirlo muoversi veramente (così come i suoi calcetti e i suoi pugni). Sta crescendo velocemente, ma non ha ancora molto grasso sul corpo e al momento sembra un po' rugoso: non comincerà a incicciottirsi almeno fino alle ultime settimane di gravidanza. I suoi denti stanno già iniziando a formarsi, anche se ovviamente non verranno fuori fino ai sei mesi.

Se sei abituata a correre, fallo finché ti senti a tuo agio. Usa il "test della parola" per assicurarti di non esagerare: non dovresti essere così a corto di fiato da non poter sostenere una conversazione. Una volta che la pancia inizia a essere più evidente, però, la corsa potrebbe diventare un po' scomoda. Ciò è in parte dovuto al rilassamento ormonale, che sciogliendo i legamenti fa ricadere il peso su ginocchia, schiena e caviglie.

In vista della pancia che cresce, potresti iniziare a pensare di compilare il modulo MAT per il tuo datore di lavoro, in modo da poter chiedere il congedo di maternità. Ovviamente non è strettamente necessario che il tuo capo sappia che sei incinta fino al raggiungimento della 25esima settimana, ma ricordati che fornire un giusto preavviso darà al tuo datore di lavoro la possibilità di iniziare a pianificare la tua assenza, cosa che potrebbe anche rendere più facile sia il tuo permesso di maternità, sia il tuo futuro ritorno.

Settimana numero 20

Se ora si mettesse in piedi, il tuo bambino sarebbe alto circa 26 cm, quasi la lunghezza di un foglio A4. La sua pelle è ricoperta da una sostanza bianca e cremosa chiamata *vernix*, che svolge la funzione di protezione mentre è nel grembo materno.

Durante l'ecografia potresti vederlo succhiarsi il pollice: non sta facendo nient'altro che praticare il riflesso di suzione, importantissimo per quando inizierai ad allattare.

Settimana numero 21

Sei a metà strada! Ora il tuo bambino ha i capelli e inizia ad avere sempre più l'aspetto del bambino che vedrai una volta nato. Pesa circa 350 g ed è lungo quanto una carota. Oltre alla lanugine, i capelli e i peli delle sopracciglia stanno iniziando a essere più spessi alle radici e ad avere un po' di pigmento. Anche se le orecchie si sono formate già da un bel po', ora il tuo piccolo sarà in grado di distinguere i suoni dell'esterno, compresa la tua voce e quella delle persone intorno a te. Parla e ascolta il tuo pancione e, se ne hai voglia, incoraggia gli altri membri della famiglia a fare lo stesso: può essere un bel modo per coinvolgere i tuoi cari nell'esperienza della gravidanza.

Lievi mal di testa sono comuni in gravidanza e spesso sono causati dagli ormoni o dalla disidratazione. Tuttavia, se sei oltre la 20esima settimana e hai un forte mal di testa che dura per più di due o tre ore senza che il paracetamolo ti dia sollievo, potrebbe significare che hai la pressione alta: fai un controllo con il tuo medico.

Se i tuoi esami del sangue dovessero mostrare dell'anemia, il medico o la ginecologa ti potrebbero prescrivere un supplemento di ferro. Evita sempre il tè e il caffè, che potrebbero impedire che il ferro venga assorbito correttamente.

Finché la tua dieta è equilibrata e include una varia gamma di alimenti, essere vegana o vegetariana in gravidanza è perfettamente sicuro. In particolare, uova, piselli, fagioli e cibi a base di soia, come il tofu, sono buone fonti di ferro e proteine e sono buoni sostituti della carne. Se eviti i latticini, puoi recuperare il calcio dalle verdure a foglia verde scuro, come cavoli e spinaci, nonché dalla frutta secca, dalle noci e dai semi. Se hai dubbi sulla tua dieta, non esitare a parlarne con il tuo medico curante.

Settimana numero 22

Il bambino ha le dimensioni di un sacchetto di zucchero e pesa circa un chilo; da ora in poi inizierà a superare il peso della placenta sempre di più. Nel corso delle prossime settimane, le sue papille gustative continueranno a svilupparsi e saranno impegnate a praticare la deglutizione. Quello che mangi ora potrebbe influenzare i sapori che il tuo bambino troverà più gustosi dopo la nascita, quindi, mangia un sacco di cibo sano.

I suoi polmoni non sono ancora pronti per la vita fuori dall'utero, ma si stanno sviluppando velocemente. Anche se non può ancora respirare, adesso è il momento in cui inizia a praticare i movimenti respiratori in preparazione a quelli che dovrà compiere una volta uscito dalla pancia. Al momento, l'ossigeno di cui ha bisogno lo ottiene dal sangue, attraverso la placenta.

Assicurati di allenare i muscoli del pavimento pelvico e inserisci questo allenamento come parte della tua routine quotidiana. Questi esercizi ti aiuteranno anche a evitare inconvenienti spiacevoli, come di fare la pipì per sbaglio mentre starnutisci.

Settimana numero 23

I gorgoglii e la sensazione di bolle nella pancia di qualche settimana fa, in questo periodo si trasformano in calci e piccoli pugni. Nelle prossime settimane diventeranno più evidenti e regolari, man mano che il bambino cresce e diventa più forte: inizierà perfino a rotolare e a ballare dentro di te! Potresti anche notare una sorta di ritmo di sonno/veglia. Spesso, quando ti riposi, il bambino si metterà in azione, mentre quando sei impegnata o in movimento, questi si sentirà cullato e probabilmente si metterà a dormire. È una buona idea cercare di capire la sua routine, così che, se dovessi notare qualcosa di strano (movimenti rallentati o assenza di essi) potrai metterti in contatto con la tua ginecologa più rapidamente.

Ricordati che durante l'attività fisica il tuo corpo produce ormoni, chiamati endorfine, che sono legate alle sensazioni di benessere (non per niente sono spesso chiamati "ormoni della felicità"), in gravidanza il tuo corpo è molto più sensibile al loro effetto, per questo lo sport può portare molto più giovamento del solito, sia mentalmente che fisicamente.

Scegliere una data per iniziare il congedo di maternità non è facile, perché non si può dire con totale certezza quando il tuo bambino nascerà. Anche se dovessi lasciare il lavoro due settimane prima della data presunta del parto, ad esempio, il tuo bambino potrebbe decidere di nascere anche due settimane dopo ancora, quindi potresti finire per passare quattro o più settimane a casa, in attesa. Ovviamente, la tua decisione dipenderà da come sta andando la gravidanza. Se non hai avuto particolari problemi, potrai decidere di andare avanti più a lungo.

Settimana numero 24

Se quando sei a letto la sera, mentre cerchi di dormire, senti il bambino muoversi dentro la pancia, attivo ed energico come non mai, è tutto normale: fa parte, appunto, del ritmo di sonno/veglia a cui è ormai abituato.

A questo punto, il tuo bambino è quasi autosufficiente e ciò significa che c'è una possibilità piuttosto solida che, in caso di parto prematuro, potrebbe tranquillamente sopravvivere fuori dalla pancia. Un bambino nato in questa fase, ad ogni modo, avrebbe bisogno di molto aiuto e sarebbe monitorato nell'unità neonatale: il suo corpo è ancora *immaturo* e non è totalmente pronto ad affrontare il mondo esterno.

Riceverai un richiamo per la vaccinazione contro la pertosse, di modo da aumentare i tuoi livelli di anticorpi, che verranno poi passati al bambino automaticamente. I bambini non possono ricevere la vaccinazione quando sono troppo piccoli, il che li mette a rischio. Se dovessero prendere la pertosse, la accuseranno maggiormente e probabilmente si ammaleranno in modo serio, tanto che la maggior parte di loro viene ricoverata in ospedale.

Il momento migliore per vaccinarsi è dalla 16esima alla 32esima settimana di gravidanza. Puoi fare il vaccino in qualsiasi momento a partire dalle 16 settimane, ma se dovessi farlo dopo la 38esima potrebbe essere meno efficace.

Settimana numero 25

Il tuo bambino può vedere la luce, reagire al tocco e al suono, ora. Fa anche la pipì frequentemente. Il suo cervello, il sistema digestivo e i polmoni sono sviluppati, ma non sono ancora "maturi" e continueranno a formarsi man mano che la gravidanza progredisce.

Se dovessi avere problemi a dormire, potresti sentirti esausta e irritabile. Alcune donne trovano che sostenere il pancione con dei cuscini posti in modo strategico dia loro sollievo. Inoltre, per conciliare il sonno, cerca di mantenere fresca la tua camera da letto (circa 18°C è la temperatura perfetta), oppure fatti un bagno caldo o sorseggia una bevanda a base di latte prima di andare a dormire.

Dalle 28 settimane in poi, cerca di riposare sul fianco: dormire proni, in alcuni casi, è stato collegato alla morte in utero del feto. Ciò potrebbe essere dovuto al peso della pancia sulla vena cava (una grossa vena che scorre lungo la schiena). Se questa viene schiacciata, al bambino potrebbe arrivare meno ossigeno. Ovviamente, non preoccuparti se ti svegli sulla schiena: mettiti nuovamente sul fianco e ritorna a dormire.

Se questo è il tuo primo bambino, probabilmente avrai un appuntamento prenatale di routine intorno alle 25 settimane. La tua ginecologa premerà delicatamente il tuo pancione con le mani per calcolare l'altezza del grembo e, per farlo, potrebbe utilizzare un metro di nastro.

Anche la tua pressione sanguigna verrà controllata, così come le proteine nell'urina. Questi controlli sono assolutamente normali e servono solo ad assicurarsi che tutto proceda normalmente.

Settimana numero 26

Se potessi vedere il tuo bambino, ora noteresti che le sue palpebre sono aperte, e presto faranno anche l'occhiolino. In questa fase, il colore degli occhi è grigio o blu: servirà un anno di tempo, dopo la sua nascita, affinché il colore dell'iride si stabilizzi.

Il colore che avrà dipende, come per la pelle e i capelli, dalla quantità di melanina. Alcune cellule nel nostro corpo sono specializzate nella produzione di questa proteina, e rispondono agli stimoli luminosi solo dopo che fuoriescono dal buio grembo materno. La luce determina l'inizio della fase produttiva, il cui esito definitivo si ha dopo 12 mesi, ma già al sesto o al nono mese ci si può fare un'idea. La probabilità è data dal ritmo di produzione di melanina che tende a rallentare entro la fine dell'anno; tuttavia, rimane difficile se non impossibile prevedere con certezza il colore degli occhi del nascituro prima dell'anno di vita. Il fattore genetico, di mamma, papà e nonni soprattutto, influenza in modo determinante la produzione della proteina. Ne serve poca per avere occhi azzurri; una quantità intermedia per i colori verde, grigio e nocciola e una quantità elevata per il marrone e nero. Sono rarissimi i casi, seppur esistenti, di bambini con occhi azzurri nati da genitori e parenti con occhi scuri. Il motivo in realtà è semplice: nel codice genetico di ciascuno c'è la possibilità che ci siano dei geni di occhi azzurri, che nel caso dei genitori non hanno "vinto" la battaglia genetica, ma nel caso del bambino sì. La possibilità rimane in ogni caso molto bassa.

Ora il tuo bambino è lungo circa 35 cm, dalla sommità della testa ai talloni: circa le dimensioni di una zucchina.

Nel tuo utero c'è ancora abbastanza spazio per muoversi, e probabilmente avrai sentito il bambino farlo più di una volta. Nel corso dei prossimi mesi metterà massa grassa e muscoli, inizierà a sembrare un po' meno rugoso e magro e più simile a un piccolo putto.

Settimana numero 27

Stai arrivando alla fine del secondo trimestre e per la tua famiglia e i tuoi cari potrebbe risultare più facile captare i movimenti del bambino, che ora ha una lunghezza di circa 37 cm, pesa quasi 800 grammi e somiglia sempre di più a un essere umano in miniatura. Le connessioni neuronali sono quasi complete, in compenso i movimenti sono ancora scoordinati.

La frequenza cardiaca del tuo bambino è rallentata un po': circa 140 battiti al minuto, anche se rimangono nettamente più veloci rispetto a quelli di un adulto. Il suo battito cardiaco può essere ascoltato attraverso uno stetoscopio e il tuo partner potrebbe essere in grado di ascoltarlo anche solo mettendo l'orecchio sulla pancia, con qualche paziente accorgimento direzionale.

Le papille gustative sono praticamente definite, pertanto il tuo bambino o bambina è ormai in grado di sentire i sapori dei cibi che assume attraverso il liquido amniotico. Da questo momento in avanti, a maggior ragione, cerca di diversificare il più possibile la tua dieta.

Settimana numero 28

Il tuo bambino ora pesa circa 1 kg ed è grande più o meno come una melanzana. Sta iniziando a prendere sempre più spazio nella pancia e, con il passare delle settimane, potresti iniziare a sentirti un po' più a disagio e stanca.

I movimenti del bambino si stanno via via stabilizzando, prendendo un ritmo regolare. Usa i cuscini come meglio credi per sentirti più a tuo agio durante il sonno.

A 28 settimane avrai un altro appuntamento prenatale, dove ti verrà offerto di fare un esame del sangue per lo screening dell'anemia e di eventuali anticorpi nel sangue e, se i tuoi livelli dovessero essere bassi, ti verrà prescritto qualche integratore di ferro.

Oltre a fare bene alla circolazione, praticare attività in acqua in gravidanza, come il nuoto, migliora anche il tono muscolare e aumenta la resistenza (che, come abbiamo detto, è importante per prepararsi al travaglio). Inoltre, man mano che la pancia cresce, la sensazione di assenza di gravità data dall'acqua può essere piacevole e rilassante.

Terzo trimestre

Eccoci all'inizio della fine di questo lungo viaggio. Purtroppo, alcuni disagi che hai avuto nel secondo trimestre continueranno ora nel terzo. Inoltre, respirare inizierà a essere un po' più difficile del solito e dovrai andare in bagno ancora più spesso di prima. Questo succede perché il bambino, diventando sempre più grande, genera pressione sui tuoi organi. Non preoccuparti, lui/lei sta bene e questi problemi diminuiranno, ovviamente, una volta che partorirai.

Alcuni nuovi cambiamenti del corpo che potresti notare nel terzo trimestre includono:

- Mancanza di respiro
- Bruciori di stomaco
- Gonfiore delle caviglie, delle dita e del viso (se noti un gonfiore improvviso o estremo o se prendi parecchio peso molto rapidamente, chiama subito il medico)
- Emorroidi
- Seno sensibile, perdita di *pre-latte* acquoso, chiamato colostro
- Ombelico sporgente
- Difficoltà a dormire
- Il bambino inizia a "cadere" o a spostarsi più in basso nell'addome
- Contrazioni

Molti di questi sintomi derivano dall'aumento delle dimensioni dell'utero, che va da circa 55 grammi prima della gravidanza a 220 grammi al momento della nascita.

Man mano che ti avvicini alla data del parto, la tua cervice diventerà più sottile e morbida (processo che si chiama *cancellazione della cervice*): è totalmente normale e naturale, e serve a far sì che il canale del parto (la vagina) si apra durante il parto. Il tuo medico controllerà i tuoi progressi in un esame vaginale mentre ti avvicini alla data del parto.

Quando entri nel tuo sesto mese di gravidanza, la pancia inizia a essere molto evidente, tant'è che può essere difficile credere che ti manchino ancora 3 mesi. Ma non temere: prima che tu possa rendertene conto, avrai il tuo neonato tra le braccia.

In queste settimane sarà fondamentale monitorare il tuo umore e la tua salute mentale in generale e il tuo medico dovrà prestare particolare attenzione così da intuire eventuali segnali di preoccupazione. Tu cerca di rimanere positiva e ricordati che, per qualsiasi dubbio o difficoltà, hai un team di esperti pronto a sostenerti. Tieni duro, ci sei quasi!

Settimana numero 29

Il bambino misura circa 33 cm ed è delle dimensioni di una piccola zucca. Oltre a essere in grado di aprire gli occhi e osservare, può anche "rincorrere" la luce proveniente da fuori la pancia. La pelle è sempre meno rugosa e si sta levigando.

Il tuo bambino si sta facendo spazio tra gli organi, tanto che ora sta spingendo il tuo stomaco *un po' più in là*, il che può provocarti del bruciore: gli acidi dello stomaco, normalmente usati per digerire il cibo, vengono spinti verso l'alto, fuori dallo stomaco, nella tua gola. Per prevenire il bruciore, cerca di mangiare poco e spesso ed evita cibi grassi e piccanti, noti per peggiorare qualsiasi sensibilità di stomaco. Una bevanda a base di latte può essere d'aiuto. Se neppure questo funziona, la tua ginecologa o il tuo medico saranno in grado di prescriverti qualcosa.

Ricordati che la 29esima settimana di gravidanza è la prima in cui è possibile iniziare il tuo congedo di maternità. Molte donne preferiscono lavorare più a lungo, però, e riservare il congedo a dopo il parto.

Man mano che il tuo pancione diventa più grande, potresti iniziare a sentirti sempre più senza fiato, specialmente quando stai salendo le scale. Va bene rallentare e regolare il ritmo e i movimenti a una velocità che il tuo corpo può gestire. Cerca comunque di continuare a tenerti attiva, che è sempre e in ogni caso più sano che essere sedentari.

Se hai voglia di fare un viaggio, volare non è assolutamente pericoloso, neanche alla 29esima settimana; ciononostante, le compagnie aeree hanno politiche diverse, quindi non dimenticare di controllare le regolamentazioni di ogni compagnia prima di prenotare. Porta con te tutto ciò di cui hai bisogno, rimani idratata e controlla che la tua assicurazione di viaggio copra la gravidanza.

Settimana numero 30

La sostanza bianca e grassa sulla pelle del bambino, chiamata "vernice caseosa", e la sua fine peluria, la lanugine, iniziano a scomparire da questa settimana.

I piccoli polmoni del tuo bambino stanno procedendo nella loro crescita, anche se non sono ancora totalmente pronti per la vita fuori dalla pancia e, se dovessero essere costretti a entrare in funzione a causa di un parto prematuro, avrebbero bisogno di qualche aiuto ospedaliero.

Al contrario, i reni sono pienamente funzionanti e la pipì si sta mescolando con il liquido amniotico, che è in costante aumento.

Settimana numero 31

Sebbene ora non sia proprio un cicciottello, nelle prossime settimane il suo peso aumenterà di circa 200 grammi a settimana.

I movimenti dei bambini non rallentano quasi mai, neppure verso la fine, e il fatto che si muovano meno perché c'è meno spazio non è nient'altro che un vecchio detto della nonna. In realtà, il rallentamento nei movimenti può essere un brutto segno, quindi contatta immediatamente l'ostetrica o il reparto ospedaliero qualora dovessi notare qualcosa di strano.

All'appuntamento di questa settimana, la tua ginecologa o il tuo medico di famiglia misureranno le dimensioni del grembo e controlleranno in che posizione si trova il bambino. La posizione ideale per il parto, come sappiamo, è a testa in giù con il bambino verso il tuo stomaco, ma se così non dovesse essere, non temere: c'è ancora un sacco di tempo perché si giri e assuma la giusta posizione. Durante questo controllo, i medici prenderanno la pressione sanguigna, esamineranno le tue urine e si parlerà dei risultati di eventuali test di screening effettuati durante il tuo ultimo appuntamento.

Settimana numero 32

Il tuo bambino sta crescendo sempre più velocemente (così come le sue unghie, che possono risultare piuttosto lunghe al momento del parto) ed è probabile che tu senta molti movimenti. Anche il suo udito sta diventando più sensibile: continua a parlare e a cantare e incoraggia i membri della famiglia a fare lo stesso. Riconoscerà i suoni delle voci anche dopo la nascita.

Se non l'hai già fatto, ora è il momento di iniziare a praticare qualche esercizio di respirazione per il parto. Una respirazione ritmica e lenta ti porterà a uno stato più rilassato che ti aiuterà a gestire meglio il travaglio.

Non è troppo presto nemmeno per iniziare a pensare di fare il tuo piano di nascita, che può essere utile a far conoscere agli altri le tue preferenze per il travaglio e il parto. Il piano nascita può includere informazioni su:

- chi vuoi avere al tuo fianco durante il parto
- quale tipo di farmaci per il dolore vuoi
- preferenza per un'epidurale
- la possibilità di posticipare il taglio del cordone ombelicale fino a quando tutto il sangue non è defluito nel bambino (è dimostrato avere benefici per la salute).

L'ostetrica può esaminare le opzioni con te e aiutarti a scrivere il piano, se lo desideri.

Settimana numero 33

Ormai il sistema nervoso del tuo bambino è completamente sviluppato. Anche le sue ossa stanno iniziando a indurirsi.

Se sei preoccupata di come farai a dare alla luce un bambino (che ora è più grande di un ananas) non temere. Il teschio del tuo bambino è appositamente progettato per rendere più facile l'uscita dal canale vaginale e infatti rimane morbido e separato fino a dopo la nascita, in modo che possa contrarsi e scivolare mentre protegge il cervello.

Lo yoga è molto utile in questa fase della gravidanza, perché è in grado di far lavorare i muscoli senza mettere a dura prova le articolazioni, allenando al contempo il pavimento pelvico. Durante le lezioni ti verranno insegnate anche tecniche di respirazione che potrebbero aiutarti durante il travaglio.

 92

Quasi dimenticavo: hai già preparato la borsa per l'ospedale? Non è troppo presto per fare le valigie... in fondo, non c'è nulla di male nell'essere preparati.

Settimana numero 34

Il cervello del tuo bambino è completamente sviluppato e il tuo piccolo, adesso, potrebbe anche sognare. Sta diventando abbastanza stretto lì dentro e lui se ne sta tutto rannicchiato con le ginocchia al petto. È probabile che tu lo senta tuttora muoversi con decisione, di tanto in tanto. Riesci a capire dov'è il suo sedere? E la sua schiena?

Se questo è il tuo primo bambino, in queste ultime settimane potrebbe essersi già girato in posizione cefalica, quella ideale per la nascita. Quando si sposta o si muove verso il basso del bacino, qualsiasi mancanza di respiro o difficoltà respiratoria che hai avuto fino a ora potrebbe scomparire.

Settimana numero 35

Il tuo bambino sta diventando più grassoccio di giorno in giorno e ora è un piccolo melone. Il grasso in più che sta accumulando lo aiuterà a regolare la sua temperatura corporea una volta nato. Se stai per avere un maschio, i suoi testicoli inizieranno a scendere dall'addome allo scroto durante questa settimana.

Il tuo seno, intanto, continua a crescere e potresti aver bisogno di un altro reggiseno. Se hai intenzione di allattare, potrebbe essere una buona idea prendere le misure per un reggiseno specifico per l'allattamento e comprarne un paio in anticipo. Sii consapevole, tuttavia, che il tuo seno sarà decisamente più pieno quando arriverà il latte (circa tre o cinque giorni dopo la nascita), quindi non comprare troppi reggiseno nuovi.

La macchina TENS viene utilizzata per alleviare il dolore durante il travaglio. È una piccola macchina che viene attaccata alla schiena attraverso cuscinetti appiccicosi, i quali inviano piccoli impulsi elettrici per bloccare il dolore dal tuo corpo al tuo cervello. È possibile noleggiare o acquistare una macchina TENS in modo da averla pronta al momento del travaglio. Provala, magari, prima del parto (dopo aver raggiunto le 37 settimane) in modo da poter imparare come funziona. Per ottenere i migliori risultati inizia a usarla all'inizio del travaglio.

Per legge, avrai bisogno di un seggiolino apposito se vorrai portare il tuo bambino a casa in auto o in taxi, quindi assicurati di sistemare necessario per il trasporto al più presto. I migliori passeggini per neonati consentono di sdraiarsi sulla schiena. Alcuni hanno impostazioni diverse per bambini di età diverse, che consentono di modificare la seduta (da sdraiato a semi-seduto) per quando saranno più grandi.

Se stai pianificando un viaggio da qualche parte, tieni presente che la maggior parte delle compagnie aeree non permetterà alle donne di viaggiare in tarda gravidanza. In questa fase, infatti, forse è più prudente rimanere vicino a casa, visto che il tuo bambino potrebbe decidere di nascere in qualsiasi momento.

Settimana numero 36

Il tuo bimbo pesa ben 2,7 kg - più o meno - e ha le dimensioni di un grosso cavolo. Si sta preparando a prendere il suo primo respiro d'aria fresca: i suoi polmoni sono sviluppati e pronti a partire. Fino a quando non prendono la prima boccata d'aria, i polmoni dei neonati rimangono sgonfi e ricevono ossigeno attraverso la placenta. Questo è il motivo per cui non c'è il rischio di annegamento con un parto in acqua. Ora è in grado

 94

di succhiare correttamente e il suo sistema digestivo è pronto per il latte materno.

Se nascesse ora, il tuo bambino sarebbe considerato moderatamente prematuro. Invece, con la fine delle 37 settimane è considerato pronto per la nascita.

Non preoccuparti se dovessi perdere un po' di pipì quando tossisci o ridi: è del tutto normale e (probabilmente) temporaneo, visto che i muscoli del pavimento pelvico (quelli attorno alla vescica) si stanno rilassando per prepararsi al travaglio.

Il perineo è l'area tra la vagina e l'ano. Gestire quest'area nelle settimane che precedono il parto può ridurre le possibilità di avere un'episiotomia (cioè il taglio del perineo) durante il parto. Per massaggiare il perineo, metti una o due dita nella vagina e scorri verso il basso, massaggiando.

Molte donne si chiedono come se la caveranno quando il travaglio inizierà: cerca di non preoccuparti. Quando succede, ognuno lo affronta a modo suo. Alcune trovano la calma interiore, alcune urlano e gridano e altre vogliono solo avere tutto il sollievo possibile. È importante sottolineare che tutte queste reazioni vanno bene e sono normali. Quando ti senti di avere il controllo, sarà più facile rimanere calma, cosa che renderà il parto più agevole. Se sei stressata e tesa, invece, le tue contrazioni potrebbero sembrare più dolorose e diventerà tutto più difficile.

È bene conoscere le opzioni a tua disposizione quando si parla di farmaci per il dolore. Ora potresti avere idee molto chiare sui farmaci che vuoi o non vuoi usare. Sappi però che durante il travaglio i tuoi piani potrebbero cambiare completamente: fai ciò che ti sembra meglio in quel momento e non sentirti in colpa se vuoi qualcosa che non era previsto nel tuo piano di nascita.

Se dovessi entrare in travaglio precoce (anche chiamato "fase latente") ci vorrà molto tempo prima che le cose si sblocchino. Bagni caldi, massaggi alla schiena dal tuo partner, paracetamolo, una macchina TENS e movimenti giusti possono aiutare a dare la giusta spinta.

Settimana numero 37

Il tuo bambino è considerato "a termine" ora. Misura circa la lunghezza di un gambo di bietola svizzera. Durante questo mese finale, si sposterà ulteriormente nel bacino e la tua pancia potrà pendere lievemente verso il basso.

Hai notato un'improvvisa esplosione di energia e la necessità di sistemare tutto in casa? Non sei sola: molte madri segnalano questo guizzo curioso. Ma se ti accorgi che stai pulendo eccessivamente o ti ritrovi a dover fare alcune cose più e più volte per sentirti calma, parlane con la tua ginecologa. Non ti agitare: 1 donna su 10 ne soffre in gravidanza, anche quando non ne ha mai sofferto prima.

Se stai aspettando due gemelli, probabilmente partorirai molto, molto presto: i gemelli nascono nettamente prima degli altri. La durata della gravidanza per i parti multipli è:

Gemelli: 37 settimane
Tripletta: 34 settimane
Quadrupli: 32 settimane.

Se per allora i bambini non dovessero ancora essere nati, verranno indotti entro 38 settimane per scongiurare qualsiasi rischio per la loro salute.

Non hai ancora preparato la tua borsa da ospedale? Ora è il momento! Il tuo bambino potrebbe arrivare da un giorno all'altro. Se hai altri figli, prendi accordi affinché qualcuno si prenda cura di loro quando inizierai il travaglio. Questo è anche un buon momento per considerare il tuo team di supporto dopo il parto. A chi potresti chiedere aiuto ogni tanto?

Pensa a come arriverai all'ospedale o alla sede in cui prevedi di partorire. Se il tuo partner ti porterà in macchina, è importante assicurarsi che ci sia abbastanza benzina nell'auto e che sia certo del percorso giusto da fare e di dove trovare parcheggio.

Settimana numero 38

La morbida "pelliccia" del bambino è scomparsa, mentre il grasso viene depositato e conservato per dare energia per i primi giorni in attesa del latte. È praticamente tutto pronto.

"Come faccio a sapere quando è iniziato il travaglio?" Questa è una domanda piuttosto comune, a questo punto della gravidanza. Potresti essere preoccupata all'idea di uscire di casa, di fare progetti o di rimanere sola al lavoro. Tuttavia, nella maggior parte dei casi il travaglio inizia lentamente, con contrazioni molto estese, il che ti lascia un sacco di tempo per tornare a casa qualora dovesse capitarti mentre sei fuori. Questo è particolarmente vero se è il tuo primo figlio. Quindi non sentirti costretta in casa: c'è tempo. Inoltre, i bambini possono fare fino a due settimane di ritardo prima che l'induzione venga consigliata, quindi potrebbe essere meglio, soprattutto per il tuo benessere mentale, uscire a fare shopping, incontrare amici, fare attività all'aperto, o qualsiasi altra cosa ti coinvolga attivamente. Esci e vai a fare una passeggiata: puoi continuare a fare esercizio finché ti senti bene e a tuo agio, anche fino a poco prima della nascita, ma è importante non esagerare. Camminare e nuotare sono ottime attività per rimanere attiva in questa fase della gravidanza. Se senti dolore o disagio, vertigini, tensione nella pancia o noti perdite d'acqua, smetti subito di fare esercizio e contatta la ginecologa, il medico o l'ospedale.

Potresti anche valutare di imparare la strada più veloce per l'ospedale e le tempistiche di viaggio, soprattutto se non si trova nelle strette vicinanze. Ma, ripeto, non ti preoccupare: ci vuole sempre un po' per superare la prima fase del travaglio, la fase latente (soprattutto se è il tuo primo bambino).

Se hai una contrazione ogni cinque minuti che dura più di 30 secondi, chiama la tua ginecologa o il reparto ospedaliero dove intendi partorire. Se hai scelto un parto in casa, allora sarà la ginecologa o la persona designata a farti partorire a venire da te.

È probabile che tu abbia un appuntamento prenatale a 38 settimane per controllare che stiate tutti bene e che lui o lei sia a testa in giù. Se le sue gambe o il fondoschiena sono rivolti verso il basso, il tuo bambino è detto "podalico". Il medico o la ginecologa possono fare una procedura per cercare di spostare il bambino in posizione cefalica. Questa è chiamata *versione cefalica esterna* (ECV).

Settimana numero 39

Il tuo bambino ora ha le dimensioni di un mini-cocomero e probabilmente inizierai a sentirti un po' una balena.

Meconio è la parola utilizzata per descrivere la prima "cacca" del tuo bambino. È una sostanza appiccicosa e verde scuro che ora è presente nel suo intestino. Se il tuo bambino piange durante il travaglio ci sarà meconio nel liquido amniotico; se dovesse accadere, la tua ginecologa monitorerà entrambi molto accuratamente.

Se aspetti un maschio, potrebbe nascere con testicoli piuttosto grandi e gonfi - questo è dovuto solo agli ormoni nel tuo corpo e presto tutto tornerà alla normalità.

Durante la gravidanza il tuo utero è protetto dalle infezioni da un tappo di muco sulla cervice. Quando verrà via lo vedrai sui tuoi slip: avrà l'aspetto di una piccola quantità di muco misto a sangue. Può accadere all'inizio del travaglio o prima, ed è un segno che il tuo corpo si sta preparando al parto.

Continua a mangiare sano e a fare gli esercizi per il pavimento pelvico. Ecco qualche consiglio in più:

-   fornisci al tuo partner, famiglia o amici un elenco di contatti di emergenza,
-   tieni a portata di mano i numeri di telefono di società di taxi affidabili o tieni qualcuno in standby con un'auto (con il pieno) per portarti all'ospedale quando arriverà il momento,
-   porta, se le hai, le tue note ospedaliere ovunque tu vada, per ogni evenienza, anche al supermercato!
-   Assicurati che le borse per l'ospedale siano pronte e facili da trasportare, anche con breve preavviso,
-   completa il tuo piano per la gravidanza e il post-parto.

Settimana numero 40

C'è la possibilità che tu stia ancora aspettando (con ansia) l'inizio del travaglio, ma a questo punto non dovrebbe volerci ancora molto. La maggior parte dei bambini fa la sua comparsa tra la 38esima e la 42esima settimana di gravidanza quindi, non è insolito andare oltre la data prevista.

A questo punto, il bambino medio pesa circa 3-4 kg, ovvero le dimensioni di una zucca o un'anguria.

Se superi la data presunta di parto, la tua ginecologa potrebbe proporti una separazione della membrana, ovvero un modo per aiutare a indurre il parto senza l'uso di farmaci. In clinica o in ambulatorio, la tua ginecologa farà delle manovre, dei movimenti ampi e circolari nella cervice per circa 10 minuti. Non dovrebbe essere doloroso, anche se alcune donne hanno detto di averlo trovato fastidioso. Dopo, è normale avere una piccola quantità di macchie, quindi potrebbe essere utile portare con te un piccolo salva slip.

Il travaglio di solito inizia in maniera totalmente naturale e autonoma, ma a volte capita che debba essere fatto partire artificialmente, ed è appunto chiamato parto indotto. Non temere: il parto indotto è abbastanza comune.

Alla 40esima settimana, avrai sicuramente un altro appuntamento (e così alla 41esima nel caso in cui il tuo bambino non arrivi prima). È importante non saltare gli appuntamenti prenatali in questo periodo: se qualcosa non dovesse essere conforme, il team di medici potrà rilevare i segnali di avvertimento in anticipo e agire immediatamente.

QUANDO CHIAMARE I MEDICI

Durante il terzo trimestre, dovresti continuare a fissare appuntamenti mensili con il tuo medico per monitorare i progressi del tuo bambino. Se non si verificano problemi o complicazioni, non dovresti essere chiamata per nessun appuntamento extra. Tuttavia, se noti uno dei seguenti segni, dovresti chiamare immediatamente il medico. Vediamoli velocemente prima di approfondirli.

1. Sanguinamento

Se noti sanguinamento vaginale, anche solo a tratti, chiama immediatamente il medico. Questo potrebbe essere un segno di uno dei tanti seri problemi che possono però essere trattati se presi per tempo, ma quando viene ignorato può diventare molto pericoloso per te e il tuo bambino, fino ad arrivare nei casi peggiori a:

- parto anticipato,
- distacco della placenta (in cui l'organo è separato dalla parete uterina),
- placenta previa (in cui la placenta copre la cervice).

2. Perdite d'acqua

C'è da aspettarsi qualche perdita d'acqua, ma se noti che sono troppo consistenti tanto da riempire un intero assorbente, è il momento di chiamare il medico: potrebbero essersi rotte le acque. Se sei nelle ultime settimane del tuo terzo trimestre e noti perdite d'acqua con qualche traccia di sangue, invece, potrebbe essere il tappo di muco, che non appena la cervice si dilaterà si lascerà cadere completamente, iniziando il parto.

3. Movimenti fetali ridotti o assenti

Anche se i calci e le capriole che il tuo bambino ha fatto durante la gravidanza possono diminuire, dovresti comunque prestare attenzione ai suoi movimenti. Se ritieni che il tuo bambino si muova meno del normale, contatta il medico, che raccomanderà il monitoraggio fetale e/o un'ecografia per assicurarsi che tutto sia a posto. Dovresti anche chiamare il tuo medico se soffri di dolori addominali acuti, nausea, disturbi urinari, vertigini, o se prendi più di 1,5-2 chili al mese.

Sintomi che non dovresti mai ignorare

Ti chiederai quali sintomi richiedono cure mediche immediate e quali invece possono aspettare fino alla prossima visita.

Oltre a condividere le tue preoccupazioni con il tuo medico o la tua ginecologa, ricordati che la maggior parte dei sintomi che le donne sperimentano durante la gravidanza sono normali, anche se non ti permettono di sentirti propriamente a tuo agio. Tuttavia, è facile preoccuparsi e chiedersi se è tutto ok: anche se le vere complicazioni sono rare, è sempre bene sapere a cosa prestare attenzione e a cosa no.

1. Sanguinamento

Come appena visto, il sanguinamento può significare molte cose diverse, soprattutto durante una gravidanza. Se stai sanguinando pesantemente, hai forti dolori addominali e/o crampi mestruali, o ti senti come se stessi per svenire durante il primo trimestre, potrebbe essere un brutto segno.

Perché si verifichino le condizioni ideali per la gravidanza, l'ovaio deve rilasciare un uovo nelle tube di Falloppio, dove rimane per circa 24 ore in attesa di un contatto con un seme per essere fecondato. A questo punto, l'uovo fecondato rimane nelle tube di Falloppio per 3 o 4 giorni prima di dirigersi verso l'utero. Lì si attacca al rivestimento e continua a crescere fino alla nascita del bambino. Ma se l'uovo fecondato si impianta nelle tube o da qualche altra parte nell'addome, capita quella che viene comunemente chiamata una *gravidanza extrauterina* o *ectopica*. In questi casi, la gravidanza può non continuare normalmente e richiede un trattamento di emergenza, in quanto potrebbe anche portare alla rottura delle tube. Se ciò dovesse accadere, potresti avere un dolore molto forte con o senza grave sanguinamento, che potrebbe anche verificarsi internamente. Chiama immediatamente il medico se oltre al sangue provi vertigini, svenimenti o dolore alla spalla, o se provi un forte dolore addominale, specialmente se concentrato su un solo lato della pancia.

Avere una gravidanza ectopica non è comune: solo una percentuale di donne tra l'1%e il 2% hanno la sfortuna di trovarsi in questa situazione. Una causa potrebbe essere un danneggiamento alle tube di Falloppio, che impedirebbe all'uovo fecondato di entrare nell'utero, obbligandolo a impiantarsi nelle tube o da qualche altra parte.

La percentuale di probabilità aumenta in caso di:

- Malattia infiammatoria pelvica (PID)
- Malattie a trasmissione sessuale
- Cicatrici da precedenti interventi chirurgici pelvici
- Storia pregressa di gravidanze ectopiche
- Legatura delle tube non riuscita o inversione della legatura delle tube
- Uso di farmaci per la fertilità
- Trattamenti per l'infertilità come la fecondazione in vitro (FIV)
- Se rimani incinta con un dispositivo intrauterino (IUD) in posizione.

Durante il primo o il secondo trimestre, un forte sanguinamento seguito da crampi potrebbe anche essere un segno di aborto spontaneo. Al contrario, il sanguinamento con dolore addominale nel terzo trimestre può indicare un distacco della placenta (quando la placenta si separa dal rivestimento uterino).

Movimenti fetali ridotti o assenti

La maggior parte delle donne in gravidanza inizia a sentire i movimenti del bambino intorno alle 20 settimane di gestazione. La frequenza e l'intensità del movimento aumentano con l'avanzare della gravidanza, tant'è che la maggior parte delle madri è in grado di imparare la routine e la frequenza dei calci del loro bambino.

La possibilità di riduzione o di cessazione di movimenti fetali è quindi principalmente basata su ciò che sente la madre. Nel caso fosse così, può indicare la rottura prematura delle membrane, distacco della placenta, ipossia fetale o morte fetale intrauterina. Ma nel caso in cui fosse solo una tua preoccupazione, per determinare se esiste veramente un problema, bevi qualcosa di freddo o mangia uno spuntino e sdraiati sul lato sinistro: questo probabilmente farà muovere il bambino. All'incirca alla stessa ora ogni giorno, sdraiati e tieni traccia di quanto tempo ci vuole per sentire calci, rotolamenti o gorgoglii. Potrebbero volerci solo pochi minuti, ma se passa un'ora senza alcun movimento, mangia uno spuntino leggero, sdraiati e riprova.

Se noti un'assenza di movimento o se il tuo bambino non si muove come al solito per diversi giorni, chiama il tuo assistente sanitario per controllare che tutto stia procedendo bene.

Nausea grave e vomito

È molto comune avere un po' di nausea quando sei incinta, ma se ciò dovesse diventare un problema serio, potrebbe indicare qualcosa di più grave. Se non riesci a mangiare o bere nulla, corri il rischio di disidratarti. Inoltre, se questo disturbo dovesse essere combinato con altri sintomi come vertigini o vomito contenente sangue, potrebbe trattarsi di una condizione da tenere sotto controllo. Se ciò continua anche dopo il primo trimestre, consulta il tuo medico curante per escludere qualsiasi causa grave. Non trattare adeguatamente questa patologia potrebbe portare a un basso peso alla nascita o alla nascita prematura del bambino.

Contrazioni all'inizio del terzo trimestre

Le contrazioni potrebbero essere un segno di parto prematuro, ma molte neomamme possono confondere il vero travaglio con il falso travaglio. Le false contrazioni del parto sono chiamate contrazioni di Braxton-Hicks. Sono imprevedibili, non ritmiche e non aumentano di intensità. Si calmeranno in un'ora o con l'idratazione. Mentre le contrazioni regolari sono distanti circa 10 minuti (o meno) l'una dall'altra e aumentano di intensità con il passare del tempo.

Il travaglio che inizia tra le 20 e le 37 settimane è chiamato travaglio pre-termine. I segni del travaglio pre-termine possono includere:

- Crampi che vanno e vengono
- Pressione pelvica
- Dolore alla schiena basso e acuto
- Perdite vaginali maggiori di colore strano

Se sei nel terzo trimestre e pensi di avere le contrazioni, chiama subito il medico. Se è troppo presto perché il bambino nasca, il medico potrebbe essere in grado di interrompere il travaglio.

5. Mal di testa e dolori addominali

Alcuni dolori sono previsti durante la gravidanza. Dopotutto, il bambino sta diventando più grande di giorno in giorno e i tuoi muscoli stanno facendo un sacco di stiramenti: avere dolore in queste parti del corpo non è raro né anormale. Ma se il dolore diventasse grave, costante o accompagnato da sanguinamento o altri sintomi, prendi il telefono e chiama il medico.

Il mal di testa durante la gravidanza può essere causato da molti fattori, inclusi i cambiamenti ormonali, lo stress e l'affaticamento, ma se non andasse via con nulla, potrebbe essere un segno di alta pressione sanguigna.

6. Prurito costante

Ecco un altro sintomo (assolutamente fastidioso) che potrebbe significare nulla o tutto. La tua pelle potrebbe prudere semplicemente perché è secca e tesa, oppure potresti avere una brutta eruzione cutanea chiamata PUPPP, che non è affatto dannosa. Al contrario, se dovessi avere prurito dappertutto parla con il tuo medico. Lui o lei potrebbe farti fare un test particolare per escludere la colestasi, un disturbo del fegato che può causare seri problemi, come il parto prematuro e la morte del feto.

Ricorda, però: avere la pelle pruriginosa durante la gravidanza nella stragrande maggioranza dei casi è del tutto normale. Mentre il tuo bambino cresce, la pelle si stira e tendendosi può anche diventare secca, causando prurito in aree come la pancia, il seno e le cosce.

CONSEGUENZE PEGGIORI

Questi segnali appena descritti potrebbero essere segni premonitori di cause anche piuttosto serie. Alcuni dei problemi più comuni sono descritti di seguito.

1. Aborti spontanei

Crampi, contrazioni e sanguinamento durante le prime 20 settimane di gravidanza possono essere un segno di un aborto spontaneo e di una possibile perdita del bambino. Altri segni includono sanguinamento simile a uno zampillo che fuoriesce dalla vagina. Se dovessi avere l'esperienza terribile di perdere il tuo bambino, vai subito dal medico o in ospedale per assicurarti che nessun tessuto sia rimasto nel tuo utero: se così dovesse essere, potrebbe anche causare un'infezione. A volte, invece, un aborto spontaneo può essere evitato con il riposo a letto e il monitoraggio costante da parte del medico.

2. Preeclampsia

La preeclampsia, anche chiamata gestosi, è una complicanza che può colpire una percentuale di mamme che oscilla tra il 5 e l'8%. Può svilupparsi durante la gravidanza e generalmente si manifesta a seguire della 20° settimana e può continuare fino a 6-12 settimane dopo il parto, mentre l'insorgere in settimane precedenti alla 20° è piuttosto raro. La gestosi si manifesta con sintomi come ipertensione associata alla presenza in gran quantità di proteine nelle urine, in donne in precedenza normotese e con normali livelli di proteine nella pipì. Per questo, l'allarme scatta quando, una volta fatti gli esami del sangue e delle urine, si riscontra una combinazione di pressione arteriosa e di proteinuria elevata.

La preeclampsia può evolvere per gradi o insorgere improvvisamente con sintomi ben specifici: mal di testa intenso e frontale, offuscamento della vista, nausea, edemi e rigonfiamenti dovuti alla ritenzione dei liquidi, eccessivo aumento di peso, dolore all'addome (vicino al fegato), diminuzione della minzione, sanguinamento anomalo. Può causare danni anche seri agli organi (come al cervello, ai reni e al fegato), generando stati confusionali (nei casi in cui l'intervento non è tempestivo), disturbi coagulativi, edemi polmonari, insufficienza renale e, nei casi più gravi, infarto e morte.

Il suo trattamento varia, chiaramente, da caso a caso: in generale, prevede rigoroso riposo a letto, controllo sistematico della pressione arteriosa (con l'utilizzo di farmaci antipertensivi e dieta iposodica, caratterizzata da un'importante riduzione del sodio/sale) e con la somministrazione di solfato di magnesio.

Per qualsiasi dubbio, dolore e/o problema consulta immediatamente il tuo medico e fai affidamento sulle sue indicazioni.

3. Gravidanza tubarica

Il dolore o la pressione nella parte inferiore della pancia durante i primi 3 mesi di gravidanza potrebbe significare che l'uovo fecondato è fuori dall'utero (*gravidanza tubarica o ectopica o extrauterina*). Se senti dolore in modo più acuto su un lato della pancia, la spalla dolente, ti senti stordita o svenire, hai nausea o vomito allora chiama immediatamente aiuto. Un bambino non può sopravvivere con una gravidanza extrauterina. Poiché una gravidanza ectopica può causare gravi emorragie interne, è anche una grave minaccia per la vita della madre: pertanto deve essere terminata. Se viene diagnosticato molto presto in gravidanza, la gravidanza può terminare in modo poco invasivo tramite dei farmaci. In caso contrario, è necessario eseguire un intervento chirurgico.

Infezioni e altre patologie

Una temperatura superiore a 37,8 °C (100°F) potrebbe essere un segno di infezione o di qualche altra condizione che non solo dovrebbe meritare la tua attenzione, ma potrebbe portare al parto prematuro. Nella maggior parte dei casi potrebbe semplicemente essere necessario assumere antibiotici o altri farmaci, ma ci sono alcune condizioni che necessitano un'attenzione in più. Tra le quali:

- **Rosolia**: è una malattia solitamente non grave ma può diventarlo per il tuo bambino se viene contratta in gravidanza. I rischi di trasmissione sono più alti nel primo trimestre, e più bassi al proseguire della gestazione. Per prevenire questa infezione è importante vaccinare tutti i bambini al secondo anno di vita e così tutte le donne in età fertile, se già non l'hanno fatto. La diagnosi per rosolia si ottiene con la valutazione delle immunoglobuline (Ig) di classi G e M, per il calcolo degli anticorpi e per vedere lo stato di possibile infezione. Nel caso di contrazione della malattia, il feto può andare incontro ad aborto spontaneo/morte in utero o rimanere affetto da rosolia congenita, con difetti alla vista, malformazioni, ritardo mentale, sordità. Per la rosolia non esiste terapia e in caso di infezione entro le 13 settimane, la madre può decidere di ricorrere a un'interruzione volontaria di gravidanza.

- **Toxoplasmosi**: provocata dal *Toxoplasma gondii*, un parassita che vive in gatti, cani e in generale in tutti gli animali a sangue caldo. Quando colpisce l'uomo generalmente, non sorgono sintomi e nelle donne italiane i livelli sono tra il 30 e il 40% di sieropositività. Se contratta in gravidanza, diventa un rischio piuttosto serio per il feto: aborto, parto pre-termine, patologie neuro-oculari come l'idrocefalo. Il rischio di trasmissione al feto aumenta con il progredire della gravidanza, ma diminuisce la gravità delle manifestazioni. La diagnosi si effettua con il dosaggio degli anticorpi (Ig) delle classi M, G e A, che si occupa di rilevare possibili immunità, infezioni pregresse o attuali. Non essendoci possibilità di vaccinazione, per la madre sarà fondamentale evitare il contatto con gatti o oggetti a contatto con le loro feci, lavare le verdure crude e la frutta con bicarbonato (la terra dove vengono coltivate potrebbe presentare escrementi), evitare il giardinaggio e/o lavarsi le mani più volte subito dopo, evitare il consumo di insaccati o carne non cotta in generale.

- **Citomegalovirus**: è responsabile della maggior parte delle infezioni congenite nella popolazione, per questo il rischio di infezione contratta per la prima volta in gravidanza è piuttosto basso (11%). La diagnosi è data dal dosaggio degli anticorpi materni anti CMV. I rischi per il feto sono alti nella trasmissione durante il 1° trimestre, nei quali si propone l'amniocentesi nel secondo trimestre (per tenere traccia del passaggio del virus). Nei casi di infezione congenita (prima della nascita), l'85% non presenta sintomi, mentre il restante 15% può morire, avere ritardo mentale o paralisi cerebrale, oppure, nelle forme meno gravi, riscontrare forme lievi delle stesse patologie. Il 90% dei bambini non avrà problemi in seguito, il restante 10% può presentare anomalie riscontrabili dopo molto tempo (problemi all'udito). La prevenzione può essere difficile, ma le donne incinte non dovrebbero: baciare bambini piccoli su labbra o guance e non scambiare cibo con loro. Invece, dovrebbero: lavare spesso le mani con acqua e sapone dopo il contatto, e così giocattoli e altri oggetti.

- **Varicella**: malattia aerea tipica dell'infanzia, in gravidanza è insolito il riscontro e ancor più raro è vedere conseguenze fetali o neonatali. Se contratta nel primo trimestre può rappresentare un maggior rischio di malformazioni nel feto (varicella congenita: lesioni cutanee cicatriziali, atrofia muscolare, lesioni cerebrali); non porta nessuna problematica nel 2° trimestre ma, nel 3° trimestre queste dipendono dal tempo che intercorre tra momento del parto, sviluppo della malattia nella madre e produzione degli anticorpi materni. Non essendo particolarmente alto il tasso di serietà e di incidenza della malattia, non è consigliata la ricerca sul liquido amniotico (per evitare problemi a seguito dell'esame stesso). Se la madre dovesse contrarre la malattia vicino alla data del parto, si cercherà di rimandare tale data più avanti, mentre, per i bambini nati nei giorni a rischio, si consiglia la somministrazione delle immunoglobuline specifiche.

- **Scarlattina**: è causata da un batterio, lo streptococco beta emolitico di gruppo A e si trasmette per via aerea. Essendo possibile contrarla più volte, non può esserci immunità. Se contratta in gravidanza non comporta malformazioni nel feto, ma se colpisce la vagina può portare al parto prematuro. In caso fosse presente al parto vaginale, può provocare un'infezione neonatale anche grave. Per questo è consigliabile fare un tampone vaginale.

- **Papilloma virus (HPV)**: se correttamente trattata, l'infezione non comporta rischi diretti né per la madre né per il figlio durante la gravidanza. A seguito del pap test positivo, in presenza di condilomi (creste di gallo sulla mucosa genitale nell'utero) potrebbe esserci il rischio di trasmissione nei bambini durante il parto, cosa che provocherebbe delle gravi conseguenze nel bambino, per questo vanno rimosse prima del parto attraverso il trattamento con il laser o la diatermocoagulazione, entrambi non invasivi e con anestesia locale in ambulatorio. In caso i condilomi non fossero stati rimossi, si consiglia il parto cesareo. Il vaccino anti-HPV è sconsigliato in gravidanza e in caso di positività, in quanto l'azione è preventiva e non terapeutica.

- **Batteriuria asintomatica**: patologia che vede un numero anormale di batteri nelle urine, senza sintomi. In gravidanza, se non viene correttamente trattata, può causare patologie anche gravi ai reni della mamma e un maggior rischio di basso peso neonatale, nonché parto pre-termine. Per questo, in caso di positività, è importante sottoporsi a una terapia antibiotica adeguata.

SINDROME DELL'IPOTENSIONE SUPINA

I bambini iniziano a muoversi presto in gravidanza. La maggior parte delle donne inizia a sentire i movimenti a circa 20 settimane, o a metà della gravidanza. Ogni bambino si muove con frequenza e ritmi differenti: è importante monitorare i suoi movimenti e seguire le istruzioni del proprio medico per riuscire a informarlo in tempo se dovessero sussistere cambiamenti rispetto al solito. Ricordati, infatti, che esiste il rischio di sviluppare la cosiddetta **sindrome dell'ipotensione supina**. Questa sindrome è causata dalla posizione assunta dall'utero che, aumentato di dimensioni, preme sulla vena cava, quella adibita al trasporto del sangue al cuore. Come spiega il nome, la compressione di questo importante vaso sanguigno e la conseguente diminuzione della pressione arteriosa, porta ad avere capogiri, sudorazione, vertigini, pallore, tachicardia, fino a portare allo svenimento. È una condizione che si può verificare soprattutto dal quarto mese di gravidanza in poi, quando il feto è più grande: è consigliabile dunque evitare di passare troppo tempo in posizione supina, cioè sdraiati a pancia in su, ed è preferibile invece coricarsi su un fianco, aiutandosi eventualmente a rimanere con dei cuscini distribuiti attorno. In questo modo non si correrà il pericolo di diminuire l'ossigenazione sia propria sia del feto.

Non agitarti se dovessi sentire che qualcosa non va, molto spesso sono cose risolvibili con un po' di corretto riposo a letto e qualche farmaco mirato. Ad ogni modo, è giusto e importante che tua sia informata sui rischi in cui potresti incorrere.

PROBLEMI CON LA PLACENTA

La placenta è un tessuto all'interno dell'utero collegato al bambino dal cordone ombelicale e trasporta ossigeno e cibo dal tuo sangue al sangue del bambino. Il sanguinamento vaginale durante la seconda metà della gravidanza, con o senza dolore, può essere un segno di problemi con la placenta. In questi casi, è bene riposarsi a letto, a casa o in ospedale, sebbene nelle prime fasi della gravidanza questa condizione si risolva entro la 28° settimana grazie all'ingrandimento dell'utero. In alcuni casi più gravi, invece, il bambino potrebbe aver bisogno di essere fatto uscire prima del previsto.

La placenta previa, ovvero quando questa si insedia (o si impianta) nella parte inferiore dell'utero (o in quella superiore), può essere riconosciuta in tempo facendo attenzione ai sintomi, uno tra i quali l'abbondante sanguinamento color rosso vivo – solitamente indolore, o con contrazioni uterine – che può verificarsi dopo la 20° settimana, e può essere altresì confermata tramite l'ecografia transvaginale. Il trattamento di questa condizione, qualora capitasse prima della 36° settimana, è l'ospedalizzazione e il riposo a letto, invece, dopo la 36° settimana e qualora le condizioni della madre o del bambino fossero preoccupanti, si procederà con il parto anticipato.

GRAVIDANZA E ANIMALI DOMESTICI

Partiamo immediatamente dicendo che non c'è nessuna ragione per voler meno bene ai tuoi animali da compagnia, né per sbarazzartene una volta incinta. L'amore per i propri animali è sano e la loro compagnia aiuta tutti gli individui ad affrontare meglio la giornata e le avversità della vita (sono infatti un ottimo deterrente per lo stress). Fatta questa doverosa premessa, se hai un animale fai attenzione alla toxoplasmosi, alla tigna e alla salmonella. Come ben saprai, le feci degli animali sono portatrici di innumerevoli batteri, tra cui, appunto, il parassita *Toxoplasma gondii*.

Come abbiamo detto, sebbene la toxoplasmosi sia benigna (e probabilmente l'avrai già contratta senza saperlo), per il feto può rappresentare un rischio. Pertanto, appena rimarrai incinta, fai un toxo test per sapere il tuo grado di immunizzazione: nel caso sfortunato in cui non dovessi essere immunizzata, fai attenzione per i primi 6 mesi (e in generale fino a fine gravidanza): stai lontano dalla lettiera del tuo gatto e falla pulire a qualcun altro; inoltre, lava accuratamente frutta e verdura dell'orto con il bicarbonato e così anche le tue mani con il sapone.

La tigna, invece, è trasmessa da un fungo, *Microsporum canis*, che si nasconde nel pelo e nelle piume degli animali e provoca un gran prurito. Per la donna incinta può essere pericolosa, per cui lavati le mani accuratamente, evita il contatto con bocca e occhi e cerca di disinfettare tutta la casa. Se dovessi manifestare eruzioni cutanee, prurito, o altri sintomi, parla con il tuo medico, il quale potrebbe consigliarti un trattamento adeguato tramite crema (quello per la tigna è sconsigliato in gravidanza).

La salmonella è una malattia batterica che può essere rischiosa per una donna incinta (può portare all'aborto). I sintomi sono nausea, vomito, dolori addominali e febbre e si può contrarre mangiando carne cruda, uova poco cotte, frutti di mare, o cibo non adeguatamente cotto. Per questo, si può annidare anche negli animali domestici (acquatici, volatili): cerca di non pulire l'acquario mentre sei incinta e/o non fare uscire gli animali dalla gabbia (in caso di tartarughe, o uccelli).

Sinceramente essere incinta mi sta cambiando come persona. Ogni giorno a venire fa parte di questo fantastico viaggio che ha completamente spostato l'attenzione della mia vita e mi ha fatto rivalutare i miei obiettivi personali e professionali.

CAPITOLO 4

Il parto

Cosa aspettarsi in sala parto

La sala parto è una delle stanze più versatili di un ospedale. Viene chiamata sala parto, sala travaglio e sala post-parto (LDR), ed è quella stanza che alcuni ospedali usano per le cure rivolte alle madri e ai loro piccoli. Una volta sistemata qui dentro, questa diventerà la tua stanza per il travaglio e il parto, comprese le prime ore di recupero.

Il cosiddetto LDR è progettato per quasi tutte le nascite. Può gestire un parto per le donne che scelgono di non prendere farmaci o per coloro che desiderano avere un'epidurale. La stragrande maggioranza di queste stanze può anche gestire le emergenze e le procedure minori, compreso l'utilizzo di pinze e altro. Dovresti lasciare questa stanza solo se hai bisogno di andare in sala operatoria per un cesareo (come nel parto gemellare o prematuro). Una volta che il bambino è nato, ci sono attrezzature nella stanza per gestire la cura del neonato. La cura immediata è quella data dal contatto pelle contro pelle con la madre, ma se ci fosse un'emergenza o la necessità di attrezzature specializzate, la stanza LDR è ampiamente adoperata per contenere tutti gli attrezzi e macchinari salvavita. Rimarrai qui le prime ore dopo il parto, poi verrai trasferita in reparto.

Parla con il tuo partner e decidi chi vuoi che assista al parto. Alcune coppie ritengono che questo sia un momento privato e preferiscono non avere presenti, ma non c'è niente di male a decidere il contrario. La cosa più importante è che tu ti senta a tuo agio, per cui confrontati e parla di come ti senti coi tuoi cari: sicuramente accetteranno le tue scelte, qualsiasi esse siano.

Ogni parto è unico, così come ogni madre e ogni bambino. Inoltre, le donne possono avere esperienze completamente diverse a ogni gravidanza. Il parto è un evento che cambia tutto e che lascerà un'impronta su di te per il resto della tua vita, per questo, vorrai che sia un'esperienza positiva. Per far sì che ciò accada, dovrai sapere cosa aspettarti. Ecco alcune informazioni su ciò che può accadere mentre stai partorendo il tuo bambino.

La cervice è la parte più bassa dell'utero, è una struttura tubolare lunga circa 3 o 4 centimetri con un tratto che collega la cavità uterina alla vagina. Durante il travaglio, il ruolo della cervice deve cambiare: passa dal mantenere la gravidanza tenendo l'utero chiuso, all'agevolazione del parto, dilatandosi e aprendosi, abbastanza da permettere la fuoriuscita del bambino. Infatti, i cambiamenti fondamentali che si verificano verso la fine della gravidanza sono l'ammorbidimento del tessuto cervicale e un assottigliamento della cervice, entrambi i quali aiutano a salvaguardare la cervice. Il travaglio è considerato in corso quando la cervice è dilatata di 3 centimetri o più: questa deve dilatarsi fino a quando l'apertura cervicale stessa ha raggiunto i 10 centimetri di diametro e il bambino è in grado di passarci attraverso.

Quando il bambino entra nella vagina, la pelle e i muscoli si distendono. Le labbra e il perineo (l'area tra la vagina e il retto) raggiungono un punto di massimo allungamento e a questo punto, la pelle può sembrare che stia bruciando. Alcuni lo chiamano l'anello di fuoco a causa della bruciante irritazione percepita quando i tessuti si estendono intorno alla testa del bambino. In questo momento, il tuo medico potrebbe decidere di eseguire un'episiotomia. Potresti anche non sentire il taglio, poiché la pelle e i muscoli perdono spesso sensibilità a causa del loro estremo allungamento.

Quando la testa del bambino uscirà, sentirai un grande sollievo dalla pressione, anche se probabilmente sentirai ancora un po' di disagio.

L'infermiera o l'ostetrica ti chiederanno di smettere di spingere momentaneamente, mentre la bocca e il naso del bambino verranno puliti per eliminare il liquido e le mucose amniotiche, un passaggio importante prima che il bambino inizi a respirare e piangere. Ora il medico ruoterà la testa del bambino di un quarto di giro per essere in linea con il corpo, che sarà ancora dentro di te. Ti verrà quindi chiesto di iniziare a spingere di nuovo per far uscire le spalle. Poi, con un'ultima spinta, nascerà.

La placenta e il sacco amniotico che hanno sostenuto e protetto il bambino per nove mesi si trovano ancora nell'utero; devono essere espulsi dopo, e questo può accadere spontaneamente o può richiedere fino a mezz'ora. L'ostetrica o il medico metteranno le mani sul tuo addome, strofinando e spingendo sotto l'ombelico, per aiutare a stringere l'utero e allentare la placenta. Potresti sentire un po' di pressione quando la placenta viene espulsa, ma non così tanta come quando è nato il bambino. Il tuo utero ora ha le dimensioni di un grande pompelmo.

Il medico ispezionerà la placenta per assicurarsi che sia integra. In rare occasioni, parte della placenta non si rilascia e potrebbe rimanere aderente al muro dell'utero. Se ciò accade, il tuo medico raggiungerà il tuo utero per rimuovere i pezzi rimanenti, al fine di prevenire una possibile emorragia derivante da una placenta lacerata. Se vuoi vederla, chiedi pure: di solito i medici sono molto felici di mostrarla.

PARTO NATURALE

Se decidi di avere un parto naturale (dunque senza farmaci, antidolorifici, induzione o assistenza invasiva da parte del personale), sentirai tutte le sensazioni possibili e immaginabili, e forse le due principali saranno il dolore e la pressione, anche se quando inizierai a spingere, parte della pressione verrà via. Vivrai in prima persona le 4 fasi del travaglio in modo sicuramente più consapevole:

1. Nella **fase prodromica** (il periodo di preparazione) i tessuti si preparano all'uscita del bambino, può durare da qualche ora a qualche giorno e non mostra segnali particolarmente precisi – tanto che a volte passa inosservata. In questa fase si perderà il tappo mucoso, si potrà avere qualche scarica di diarrea e avvertire un po' di spossatezza. Il collo dell'utero si appiattisce in un disco sottile e le contrazioni saranno irregolari, simili a un dolore mestruale.

2. Nella **fase dilatante** il travaglio si avvia in modo incisivo, ed è ora di correre in ospedale o preparare il necessario se si decide di partorire in casa. Il collo dell'utero si dilata fino a 10 cm, nel frattempo la testa del bambino scende lungo il canale del parto. Le contrazioni diventano dolorose e regolari alternandosi ogni cinque minuti per 40-60 secondi. Diventa fondamentale favorire la dilatazione, cambiare posizione, oscillare su una palla da ginnastica, fare un bagno caldo o mangiare zuccheri per prendere forza. I tempi sono variabili e dipendono da vari fattori (sia mentali, che fisici), in ogni caso non dovrebbe superare le 18 ore. Prima della fase successiva, si verifica la fase di latenza: una pausa di circa mezz'ora dove le

contrazioni si fermano e il corpo si riposa, preparandosi alle spinte.

3. Nella **fase espulsiva**... si spinge. La mamma sentirà i *premiti*, la sensazione di spingere (simile a quella che si ha quando si deve andare in bagno). Ora, l'importante è mettersi nella posizione più comoda, assecondare i propri istinti e spingere al meglio, seguendo le istruzioni dell'ostetrica. Il bambino ruoterà parzialmente per scivolare meglio tra le ossa del bacino e, una volta uscita la testa, compie un'ultima rotazione (circa 45°) ed esce.

4. Nella **fase di secondamento** si espelle la placenta nel giro di 20 minuti, a volte anche attraverso l'aiuto dell'ostetrica che preme sulla pancia.

Partorire in modo naturale scongiura le possibilità di complicanze respiratorie nei neonati, inoltre il recupero postparto è più breve e ha un tasso di infezione decisamente inferiore. Il parto naturale, oltre a essere un tipo di parto vaginale, si definisce anche *eutocico,* cioè spontaneo, nel quale non sono avvenute alterazioni, e non è stato necessario l'intervento medico (senza induzione e senza l'ausilio di strumenti quali ventosa o forcipe). Al contrario il parto *distocico,* si associa a una o più problematiche nella sequenza dei fenomeni precisi accompagnatori: contrazioni uterine non ritmiche o irregolari, modificazioni della normale dilatazione del collo dell'utero e dell'uscita del feto nel canale del parto. Significa, cioè, che avviene un ritardo, un disturbo o una limitazione durante uno o più di questi passaggi, che possono avere un'origine materna o di una componente fetale (placenta, cordone ombelicale o liquido amniotico). Ad esempio, il feto si presenta in posizione obliqua o in posizione *podalica* (a testa "alta"); la neomamma presenta una disposizione delle ossa pelviche e dei tessuti molli che rendono difficile e poco spaziosa l'uscita della testa del bambino; presenta delle anomalie nella frequenza o intensità delle contrazioni. Magari capita che la gravidanza sia avvenuta senza particolari attenzioni di rilievo, e poi il travaglio sia invece più difficile o viceversa. Niente paura e niente panico. I medici, i ginecologi e l'ostetrica sono nostri alleati ed esistono proprio per questo. Due tipologie di parto distocico sono, ad esempio, l'epidurale o il cesareo.

PARTO EPIDURALE

Se fai un'epidurale, ciò che sentirai durante il travaglio dipenderà dagli effetti del blocco epidurale. Consiste in una puntura sulla schiena e solitamente bisogna aspettare tra i 20 e i 30 minuti per far sì che faccia effetto. Se il farmaco agisce adeguatamente, potresti non sentire nulla. Se è moderatamente efficace potresti sentire una certa pressione. Se è leggero, invece, potresti non sentirti a tuo agio e questo dipenderà da quanto bene tolleri il dolore. Essendo completamente addormentata, potresti non sentire neppure lo stiramento della vagina e probabilmente non sentirai l'episiotomia. A seguito dell'epidurale, potresti sentire un forte mal di testa: ma non ti preoccupare, dovrebbe sparire in massimo 48 ore.

PARTO CESAREO

Questo parto è un vero e proprio intervento chirurgico. Si effettua con un'anestesia spinale o un'anestesia epidurale, rendendo la madre insensibile nella parte inferiore del corpo, così che possa rimanere sveglia e vedere la nascita del bambino. Di durata media di 40 minuti, si divide in due tipologie:

- il parto cesareo d'urgenza: quando il travaglio è già iniziato e/o la salute di madre e figlio sono in pericolo.

- Il parto cesareo di elezione: è un intervento programmato fissato prima della 38esima settimana.

Una volta rasi i peli pubici, il chirurgo effettua un'incisione nella parete addominale e uterina, inserisce la mano nell'apertura ed estrae lentamente il bambino. Successivamente rimuove la placenta, sutura il taglio e pulisce tutto.

PARTO IN ACQUA

Avviene solitamente in una grande vasca d'acqua, una sorta di piscina, simile a una vasca idromassaggio. La donna può decidere di passare tutte le fasi del travaglio in acqua o solo alcune – come solo l'espulsione, o solo per il periodo delle contrazioni.

Se si decide di far nascere il bambino in acqua, non c'è bisogno di preoccuparsi perché, come abbiamo detto, il bambino non correrà alcun rischio. Il beneficio dell'acqua è sicuramente la grande azione rilassante sulla madre: infatti, l'acqua rende più dolce il travaglio, allevia i dolori e agisce quasi come un antidolorifico naturale, accompagnando il bambino nel canale del parto in modo più rilassato e meno impattante, passando tra due ambienti acquatici.

Il parto in acqua è gratuito se ci si affida al Servizio Sanitario Nazionale, ma non tutti gli ospedali lo offrono. Pertanto, bisogna informarsi sulla disponibilità anche attraverso i consigli della ginecologa.

PARTO A CASA

In questi casi diventa fondamentale prepararsi a dovere: fare corsi di preparazione, farsi seguire da un'ostetrica esperta in parti in casa e imparare quanto più possibile su tutti i processi del parto. La chiave è sapersi adattare alla situazione e ascoltare attentamente il proprio corpo.

In queste situazioni, potrebbe essere utile beneficiare della cromoterapia, dell'aromaterapia o della musicoterapia. Molte ostetriche private offrono anche queste tipologie di trattamenti, che risultano particolarmente vantaggiosi e fruttuosi per la loro azione rilassante sul corpo e sulla mente.

<u>POSSIBILI STRAPPI</u>

Sebbene lesioni significative non siano comuni, durante i processi di dilatazione, la cervice può lacerarsi e richiedere una piccola riparazione. I tessuti vaginali sono morbidi e flessibili, ma se il parto avviene rapidamente o con forza eccessiva, quei tessuti possono lacerarsi. Nella maggior parte dei casi, le lacerazioni sono minori e facilmente riparabili, anche se occasionalmente possono essere più gravi e causare problemi a lungo termine. In un parto normale non è inusuale riscontrare lesioni alla vagina e/o alla cervice. Fino al 70% delle donne al primo figlio riceve un'episiotomia, o almeno un qualche tipo di ricucitura vaginale. Fortunatamente, la vagina e la cervice hanno un ricco apporto di sangue. Ecco perché le lesioni in queste aree guariscono rapidamente e lasciano poche o nessuna ferita che potrebbe causare problemi a lungo termine.

Non è difficile prepararsi per il travaglio e il parto, ma è un processo notoriamente imprevedibile. Comprendere le tempistiche e ascoltare le esperienze di altre madri può essere molto utile per rendere il parto meno misterioso.

Consigli per le neomamme

Dopo poche settimane dalla nascita, il tuo bambino potrebbe iniziare a diventare più attivo, tuttavia, sappiamo che l'effetto sui genitori può essere completamente opposto.

Probabilmente sarai un misto di paura ed eccitazione per questo miracoloso traguardo della vita, e perché non dovresti esserlo? Sei preoccupata di mettere un pannolino al contrario senza nemmeno accorgertene? Temi di non riuscire a fargli fare il ruttino? Hai paura che l'allattamento non sarà per nulla facile? Smettila di pensare. Ricorda a te stessa che sei un neogenitore con poca (o nulla) esperienza, e che un bambino, a cui cambiare i pannolini (soprattutto a un maschietto che adora fare la pipì all'improvviso), da allattare, non è una cosa facile da gestire: nessuno si aspetta che tu sappia fare tutto subito. E se anche dovessi fare qualche piccolo pasticcio nelle prime settimane, rilassati. Prima di tutto, gli errori sono un rito di passaggio, e secondo, è probabile che il tuo bambino ti perdonerà in ogni caso. In realtà, non si accorgerà nemmeno della tua inesperienza e di certo non ricorderà che hai aspettato qualche giorno di troppo per tagliargli le unghie o che non sei riuscita a lavargli il culetto alla perfezione.

Anche se i bambini crescono (e crescono molto) più velocemente di quanto tu possa immaginare, una cosa rimane la stessa: le mamme conoscono i loro "polli". Detto questo, non aver paura di chiedere aiuto se ne avessi bisogno, e fallo quando e quanto ritieni necessario, anche se si tratta di disturbare un'amica esperta per cullarlo (ed è assolutamente legittimo che tu chieda un po' di babysitteraggio alla nonna per prendere un po' d'aria e andare a riposarti).

Le prime settimane con il bambino possono essere magiche, ma possono anche essere difficili. Imparare a nutrirlo, aiutarlo a dormire e a capire i suoi bisogni in ogni secondo può tenerti sulle spine (o portarti a dormire in piedi). Ma se qualcosa ti preoccupa, non assillarti troppo. Potresti essere sorpresa di quanto le cose cambino da una settimana all'altra nella vostra vita di neogenitori.

Fatti curiosi sui neonati

Carini, dolci e pieni di curiosità: i bambini sono incredibili a dir poco. Possono illuminare una stanza con il sorriso, sciogliere un cuore con una risata e fornire una prospettiva completamente nuova sulla vita. Ma questo lo sappiamo già. Quello che potresti non sapere è che i bambini sono anche i protagonisti di un gran numero di fatti sorprendenti e il tuo bambino avrà molte sorprese in serbo per te.

1. I neonati hanno un istinto naturale in acqua

I bambini nascono con un "riflesso subacqueo" noto come *risposta bradicardica*, che fa sì che il loro corpo si adatti naturalmente all'ambiente circostante quando viene immerso in acqua. La frequenza cardiaca rallenterà e istintivamente tratterrà il respiro quando è sott'acqua. Ciò che è ancora più incredibile è che, come il pesce, i bambini possono effettivamente respirare e deglutire allo stesso tempo durante i primi mesi di vita. Imparano a farlo mentre sono nel grembo materno, ma iniziano a perdere questa capacità intorno ai 6 mesi. Per questo, il tuo bambino può iniziare a nuotare quando vuoi, ma se hai intenzione di portarlo tu stessa in acqua, aspetta fino a dopo il tuo controllo di sei settimane: è importante assicurarsi che stai guarendo bene prima di andare in piscina. Quando succederà, assicurati che l'acqua non sia troppo fredda. Scegli una speciale piscina per bambini con acqua calda, oppure prova una muta da neonato invece di un normale costume da bagno.

2. Imparare a parlare già dal pancione

Il tuo bambino potrebbe sentire la tua voce e altri suoni dalle 23 settimane di gravidanza. Quindi, anche se non dirà la sua prima parola fino a quando non avrà circa un anno, sta imparando la lingua ancor prima del previsto. La tua voce è il suo suono preferito e adorerà sentirti parlare e cantare. Non è mai troppo presto per iniziare a leggere qualche storiella e più parole sente in questo momento della sua vita, migliori saranno le sue abilità linguistiche in seguito.

3. A volte i neonati smettono di respirare

Probabilmente, quando sta dormendo, può rimanere senza fiato per 5-10 secondi, giusto il tempo di far preoccupare una neomamma o un neopapà. La respirazione irregolare è normale, ma se il tuo bambino smettesse di respirare per un tempo maggiore o se il suo colorito diventa bluastro, quella è un'emergenza medica. Quando i bambini sono particolarmente felici o dopo aver pianto, possono dover fare più di 60 respiri in un minuto.

4. Hanno più ossa degli adulti

Molte di più: circa 300, rispetto alle nostre 206. Il motivo è legato al fatto che non tutte le ossa si sono saldate tra loro: alcune si fondono assieme in singole ossa nei mesi e negli anni dopo la nascita. Un esempio di questo processo è il cranio, che all'inizio appare formato da diversi piccoli ossicini separati, che con il tempo si fondono insieme in un grande osso, diventando un cranio a tutti gli effetti verso i due anni. Inizia come tre pezzi di osso uniti dalla cartilagine, una conformazione fondamentale per poter fare in modo che possa passare attraverso il canale del parto (motivo per cui la testa del tuo bambino ha punti morbidi).

5. Lo stomaco dei bambini è sorprendentemente piccolo

Lo stomaco di un neonato ha le dimensioni di una nocciola. Questo spiega perché i bambini molto piccoli hanno bisogno di nutrirsi così spesso - semplicemente non hanno spazio nelle loro piccole pance per bere tutto il latte di cui hanno bisogno. Significa che anche la più piccola bolla d'aria occupa uno spazio prezioso, motivo per cui il tuo bambino potrebbe aver bisogno di essere avvolto durante e dopo la poppata.

Lo stomaco, però, crescerà rapidamente, raggiungendo le dimensioni di un'albicocca entro la fine della prima settimana e le dimensioni di un grande uovo di gallina entro la fine delle due settimane. Tuttavia, avrà ancora bisogno di nutrirsi di notte fino a quando non avrà almeno sei mesi.

6. I neonati hanno il seno

Quando nascono, sia i maschi che le femmine hanno un piccolo seno e possono anche perdere il latte. Non toccarli, comunque: il latte si forma perché i bambini assorbono gli estrogeni dalla mamma, ma di solito va via entro poche settimane. Le bambine potrebbero anche avere un mini-ciclo o una scarica vaginale che dura pochi giorni.

Mentre sono ancora nel grembo materno, i bambini sono esposti a livelli elevati di ormone femminile (l'estrogeno). Alla nascita, quando il bambino viene "scollegato" dalla mamma, questi livelli di estrogeno diminuiscono rapidamente e nelle bambine possono causare ciò che è noto come pseudo-mestruazioni, simili alle mestruazioni giovanili (la discesa forte di estrogeni e ormoni correlati sono infatti ciò che innesca le mestruazioni nelle donne adulte). Le madri, ignare di questo fenomeno, spesso si preoccupano in modo particolare quando vedono un po' di sangue nei pannolini dei loro bambini, ma è molto comune e di solito accade nei primi quattro giorni di vita. Nei maschi, invece, il calo dei livelli ormonali provoca la disfunzione erettile e può anche causare la galattorrea, un fenomeno in cui uomini o donne (o neonati, in questo caso) sviluppano latte e mammelle al di fuori del periodo dell'allattamento. Come le pseudo mestruazioni, non è pericoloso o insolito, si verifica in circa il 5% dei neonati e può durare fino a due mesi.

7. Bevono la loro pipì

I bambini iniziano a urinare nell'utero solo pochi mesi dopo il concepimento. Dove va l'urina? La bevono! Più precisamente, l'urina si mescola con il liquido amniotico che circonda il bambino nell'utero, ed entro il terzo trimestre di gravidanza, un feto ingoia circa un litro di liquido amniotico ogni giorno. Dal momento che un feto non ha bisogno di idratazione o nutrizione nel grembo materno (che proviene dalla mamma tramite il cordone ombelicale) gli esperti dicono che questo serva principalmente come pratica alla deglutizione e alla digestione.

8. Il tuo bambino ama il tuo odore

Il tuo bambino potrebbe riuscire ad annusare e sentire i sapori prima ancora di essere nato. Rapidamente imparerà ad amare il tuo profumo, che potrebbe aiutare a calmarlo/a nei momenti del pianto. Per questo, cerca di evitare l'uso di profumi forti nelle prime settimane con il tuo neonato.

Il tuo bambino, in realtà, ha molte più papille gustative di te, che sono distribuite su tutta la bocca e non solo sulla lingua. Mentre eri incinta, ha avuto un piccolo assaggio di tutto ciò che hai mangiato, e continuerà a gustare gli stessi sapori nel tuo latte materno. Potrebbe anche mostrare una preferenza per questi alimenti più avanti nella vita.

Checklist per il bambino

Vestiti

Gli abiti per bambini sono generalmente dimensionati in base all'età, ma poiché ciascun marchio può variare nella scelta del modello su cui rifare le taglie, cerca vestiti che indichino linee guida di peso o altezza, così da trovare ciò che è più adatto al tuo bambino.

Alcuni bambini nascono talmente grandicelli (o crescono talmente in fretta) che non arrivano a indossare i vestiti da neonati, passando direttamente a quelli per i 3 mesi, ma è una cosa difficile da prevedere, quindi, non fa male tenere qualche vestito più piccolo da parte. Inoltre, assicurati di avere un paio di completi già della taglia successiva pronti nell'armadio, prima che tuo figlio o tua figlia ne abbia davvero bisogno.

L'acquisto di vestiti di seconda mano non solo è una scelta ecologica ed economica, ma può far sì che sia più facile avere più modelli tra cui scegliere. In generale, pensa a un vestiario comodo. Cerca abiti morbidi, ampi, resistenti, ben fatti e che resistano anche a lavaggi frequenti. Inoltre, evita gli indumenti con stringhe, nappe e nastrini penzolanti che potrebbero rimanere impigliati e facilitare il rischio di soffocamento.

L'abbigliamento biologico per bambini è realizzato senza coloranti aggressivi o prodotti chimici potenzialmente dannosi, ma di solito è più costoso. Qualunque cosa tu scelga, usa un detersivo delicato e adatto ai bambini per prevenire le irritazioni della pelle.

Di seguito sono elencati i vestiti *base* di cui il tuo bambino avrà bisogno per i primi tre mesi. Puoi usare di nuovo questa lista per riempire l'armadio del tuo bambino quando diventerà grande.

- **Body** (da 7 a 10): questi sono fondamentalmente pigiami, utili sia per dormire che per giocare. Le tutine sono molto comode, soprattutto all'inizio, visto che i neonati dormono piuttosto frequentemente. Cerca quelli che si chiudono con la cerniera o dalla parte anteriore e fino in fondo alla gamba: rendono più semplice il cambio del pannolino e ti permettono di farlo senza doverlo per forza spogliare completamente.

- **Tutine** con bottoni al collo o una scollatura "avvolgente" elastica, che renda semplice vestirlo e svestirlo. La scollatura "a portafoglio" torna utile anche in caso di un incidente di pannolino, perché puoi tirare giù la tutina sporca da sotto invece che da sopra la testa di tuo figlio.
- **Leggings** o pantaloni elasticizzati (da 5 a 7): questi rendono facile cambiare i vestiti sporchi senza dover cambiare l'intero vestito. Una cintura elastica si adatta facilmente al pannolino e alla pancia del bambino e si espande man mano che aumenta di peso.
- **Top** (da 5 a 7): avrai bisogno di alcuni top a maniche corte e lunghe con scollature elastiche da abbinare a pantaloni e mutande.
- **Maglioncini** o **Felpe** (da 3 a 5): cerca maglioni con cerniera, giacche in pile e felpe facili da indossare e da togliere. Le tute in pile sono anche comode e calde e scivolano facilmente sopra tutto il resto. Acquista taglie più grandi e capi con giromanica larghi che non richiedono strattoni o altro per essere indossati. I cappucci sono utili a questa età, soprattutto quando la temperatura è bassa, poiché non corri il rischio che cadano a terra essendo attaccati alla felpa.
- **Cappelli** (almeno 2) e **Guanti** (2 paia): un cappello per il sole a banda larga per le giornate soleggiate e un cappello caldo che copre le orecchie per l'inverno. I guanti per bambini sono come dei sacchetti con un elastico al polso che li rende facili da indossare e da togliere.
- **Calzini** e **Stivaletti** (da 5 a 7): chiedi a qualsiasi genitore e ti diranno che i calzini e gli stivaletti hanno un modo unico di scomparire nel nulla, soprattutto se sei fuori durante una passeggiata. Scegli quelli

economici, dal momento che probabilmente dovrai sostituire quelli persi più di una volta.

- **Pigiamini** (da 5 a 7): quando vesti il tuo bambino per la notte, tieni a mente tre cose: la sicurezza, il comfort e quanto facilmente sarai in grado di cambiare l'inevitabile pannolino sporco. Non importa quanto siano carini, evita indumenti che hanno molti passaggi o che sono altrimenti difficili da indossare e da togliere. Alcuni genitori preferiscono le camicie da notte per i neonati, ad altri piace la flessibilità di poter cambiare un pannolino senza dover cambiare anche la parte superiore.

I tessuti naturali morbidi e traspiranti, come il cotone, sono comodi e, se si adattano perfettamente, sono una buona alternativa ai vestiti sintetici e ignifughi (solitamente fatti di buona fattura).

Pannolini

Sia che si usi un panno usa e getta o qualcosa di intermedio (come un pannolino con una fodera usa e getta e una riutilizzabile), il tuo bambino probabilmente "consumerà" da 10 a 12 pannolini al giorno, quasi ogni giorno. Se usi quelli usa e getta, cerca di fare qualche test comprando varie tipologie di prodotto, visto che molto spesso i bambini mostrano sensibilità e allergie ai pannolini che utilizzano. Alcuni genitori che intendono usare i lavabili, per i primi giorni si affidano comunque ai pannolini usa e getta, almeno finché il meconio (quella sostanza nera densa, appiccicosa e verdastra che costituisce la loro prima cacca) non venga totalmente espulso. E molte persone che usano i pannolini lavabili passano ai pannolini usa e getta quando viaggiano.

Un'altra parte importante, se hai in mente di fare molti viaggi, è quella di acquistare dei **porta pannolini**: utilissimi per tenere a bada gli odori, scegli un secchio ermetico che chiuda e conservi i pannolini usa e getta sporchi finché non trovi il modo di buttarli via.

Se ti sta a cuore l'ambiente, prendi in considerazione un pannolino con rivestimento e fodera lavabile (ci sono anche quelli di stoffa).

Ricordati sempre salviette e crema per pannolini: che tu abbia intenzione di acquistare salviette, creare le tue salviette o utilizzare una salvietta neutra con acqua calda, non hai che l'imbarazzo della scelta. Le salviette non profumate possono essere meno irritanti per la pelle del tuo bambino. Ti consiglio anche di tenere a portata di mano una crema per pannolini, nel caso in cui il sederino del tuo bambino avesse bisogno di particolare attenzione.

Lo zaino o la borsa sono fondamentali. Prendi una borsa abbastanza grande che possa contenere pannolini, salviette, un cambio extra di vestiti, biberon (se li stai usando) e un paio di giocattoli. Stai attenta al peso della borsa (assicurati che non sia già pesante quando è vuota) e guarda quanti scompartimenti ha per organizzare tutte le cose del tuo piccolo. Alcune borse per pannolini hanno fodere impermeabili, asciugamani di cambio e scomparti isolanti, e alcune sono fatte appositamente per essere agganciate a un passeggino.

Fasciatoio: probabilmente vorrai designare un posto in casa per il cambio dei pannolini. Alcuni usano un fasciatoio su un comò basso o mettono un asciugamano sul pavimento o sul letto (tieni sempre la mano sul tuo bambino quando lo cambi se si trova su una superficie elevata).

Salviette calde: le salviettine calde possono aiutare ad alleviare il disagio di un cambio se il pannolino è freddo, specialmente nel cuore della notte.

Doccino per pannolini: questo accessorio è una manna dal cielo se stai usando pannolini lavabili. Si collega al tubo dell'acqua della tua doccia (alcuni hanno l'attacco anche per lavandino o bidet) e ti consente di sciacquare la cacca dal pannolino direttamente nel gabinetto.

Attrezzature varie

Un'attrezzatura importante e molto versatile e comoda può essere il **marsupio**: avrai la possibilità di tenere il tuo piccolo stretto a te, così da coccolarlo e abbracciarlo senza dover però avere le braccia impegnate. Sarai in grado di muoverti più agilmente e ti sentirai meno ingombrante. Quando scegli un marsupio, assicurati che tutte le cinghie e le bretelle sostengano il bambino in modo sicuro e magari opta per uno che possa essere lavato facilmente.

Per quanto riguarda il **passeggino**, invece, te ne servirà uno che riesca a portare il tuo bambino in giro per la città in modo pratico ed efficiente. Pensa alle tue esigenze specifiche: vuoi spazio dove poter mettere la spesa o alcuni oggetti mentre sei in giro con il tuo bambino? Vuoi che sia reclinabile per un facile pisolino? Salirai e scenderai molte scale? Vuoi fare lunghe passeggiate? Scegliere il passeggino giusto può semplificarti la vita. Ricorda, ad esempio, che non tutti hanno una comoda protezione in plastica trasparente, rivestita o meno, per proteggere perfettamente dalla pioggia. Tienilo a mente quando valuti un acquisto.

Un altro accessorio da citare è sicuramente il **seggiolino per l'auto**, obbligatorio in caso di viaggio in auto. Per quanto allettante possa sembrare a livello economico, resisti alla tentazione di comprare un seggiolino usato, perché le norme di sicurezza cambiano nel corso degli anni e soprattutto i modelli precedenti non soddisfano tutte le linee guida attuali. Potresti non essere al corrente dei possibili malfunzionamenti del seggiolino, nel caso, ad esempio, la macchina avesse fatto un incidente. La maggior parte dei seggiolini oggi hanno un'etichetta con una data di scadenza e di solito sono considerati sicuri quando utilizzati per cinque o otto anni al massimo. I produttori non danno nessun tipo di garanzia su un seggiolino scaduto, visto che potrebbe non disporre più delle attuali caratteristiche di sicurezza. Controlla sempre la data di scadenza quando acquisti un nuovo seggiolino.

Aggiungi alla lista anche un **copri seggiolino o coperta**: quando fa freddo in macchina, metti una coperta sul bambino per scaldarlo. Non è sicuro che il tuo bambino indossi un cappotto grande e ingombrante mentre è seduto sul sedile dell'auto, poiché una giacca troppo spessa potrebbe essere d'intralcio alla corretta chiusura delle cinghie, impedendo al tuo bambino di venire assicurato correttamente al seggiolino.

Quando fa caldo, le **tendine parasole per i finestrini** dell'auto sono un salvavita: i parasole aiutano a proteggere gli occhi e la pelle del bambino dal bagliore della luce solare, e impediscono all'abitacolo di scaldarsi eccessivamente mentre siete in viaggio.

Zaino per bebè: una volta che il tuo bambino riesce a reggere la testa in modo corretto per lunghi periodi – cosa che accade, generalmente, a circa 5 o 6 mesi – potresti voler investire in uno zaino porta-bambini da viaggio, soprattutto se sei una persona amante della montagna e del trekking. Essendo rialzato, riuscirà a vedere il mondo e tu sarai più libera di muoverti avendo le mani e le braccia libere.

Sacco a pelo per passeggino: se vivi in un luogo dove il clima freddo è la normalità, questi sacchi a pelo possono aiutare a mantenere il tuo bambino al caldo quando sei in giro con il passeggino, ed avere anche una maggiore protezione contro il vento e l'umidità.

Sedia a dondolo: torna sempre utile avere un posto comodo per cullare il tuo bambino durante tutti quei risvegli notturni e le poppate nel primo anno di vita. In fondo, avere un dondolo funge anche come posto accogliente per coccolarsi e leggere storie della buonanotte.

Articoli utili per il suo sonno

Quando si parla di passeggini, culle, carrozzine, navicelle, ovetti, si va incontro a molta confusione. Esistono ormai tantissime tipologie di passeggini in senso lato, caratterizzate da colori, peso, reclinabilità della seduta, portabilità, di tante marche e per tutte le tasche. È utile, a prescindere dall' aspetto soggettivo, avere le idee chiare su quali siano le scelte percorribili.

Per **passeggino**, si intende un sistema composto da telaio base al quale ancorare la navicella. È adatto dai primi mesi fino ai 3 anni, ed esiste sia nella versione *duo* (telaio più navicella) sia nella versione *trio*, con quindi la possibilità di cambiare un terzo elemento, l'ovetto.

Accostata a questa moderna e più versatile soluzione, si trovano ancora molti passeggini "fissi", con una struttura metallica più leggera che li rende più maneggevoli. Si piegano anch'essi facilmente (alcuni in maniera intelligente a "libro" o a "ombrello") e sono comodi durante le passeggiate. Unica pecca è che non permettono al bambino molto piccolo, sotto i 4 mesi di vita, e non ancora in grado di reggere la testa autonomamente, di restare in posizione orizzontale.

La **navicella** è la culla tipica usata dai passeggini che permette ai nuovi nascituri da 0 a 6 mesi di avere la massima comodità e più spazio in posizione orizzontale. Si trova sia fissa, quindi incorporata nel passeggino, sia mobile, installabile come appena visto su passeggini che ne prevedono l'interscambio. È dotata usualmente di maniglie per un facile trasporto e di protezioni per attutire eventuali urti accidentali.

L'**ovetto,** invece, è meno spazioso della navicella e si configura infatti per essere una seduta, usata quindi per far tenere al piccolo una posizione più verticale della navicella. Si sceglie l'inclinazione migliore in funzione del momento; alcuni permettono una totale reclinabilità tale da permettere al bambino di dormire in posizione orizzontale. Si fissa ai passeggini che ne prevedono la possibilità, e può essere montato e sganciato anche in auto in base al bisogno. Rispetto alla navicella, garantisce più sicurezza per il trasporto in auto.

Sempiterna e intramontabile la **carrozzina** o **carrozzella** è senza dubbio la soluzione meno comoda e più ingombrante per il genitore, perché è molto ampia e di fatto si può considerare un "lettino trasportabile". Nonostante la premessa, è tuttavia, ancora la scelta prioritaria per molte mamme che non vogliono rinunciare al sapore classico e sofisticato per il proprio piccolo.

Una menzione va fatta per i nuovi passeggini a tre ruote, più maneggevoli e adatti a condizioni di terreno impervie come quelle di campagna. Sono dotati di ruote in gomma, e non in plastica, e di ammortizzatori che li rendono più idonei all'uso fuori città.

Culla portatile o box giocattolo: un lettino pieghevole e portatile può tornare utile in tutti i tipi di situazioni. Usala per quando il bambino starà dalla nonna o come luogo sicuro per giocare o stare in viaggio. Molti box giocattolo sono dotati di un fasciatoio integrato, una culla rimovibile e persino un porta cellulare.

Le culle di ultima generazione soddisfano gli attuali standard di sicurezza, ma quelle di seconda mano possono essere pericolosamente obsolete. La Commissione per la Sicurezza dei Prodotti di Consumo raccomanda di non utilizzare culle prodotte più di 10 anni fa, così come culle rotte o modificate.

Biancheria da letto: Vedrai un sacco di biancheria da letto fantasiosa nei negozi per bambini, ma tutto ciò di cui hai veramente bisogno sono da tre a cinque completi letto e un paio di pannolini lavabili (ti servirà un extra per i cambi di mezzanotte, al massimo). I paraurti del letto, i cuscini, le coperte che spesso vengono fornite con la biancheria da letto per bambini non dovrebbero andare nella culla perché aumentano il rischio di soffocamento accidentale.

Coperte indossabili (2 o 3): queste sacche in pile o cotone si chiudono con la cerniera sugli indumenti da notte del bambino e lo tengono caldo durante la notte e sostituiscono le coperte tradizionali. Potresti averne bisogno o meno, a seconda del clima in cui vivi e della stagione in cui è nato il tuo piccolo. Nota bene: alcune coperte indossabili sono progettate anche per poter essere fascianti, con lembi che si piegano chiudendo le braccia del bambino, fissandosi con il velcro.

Coperte a fascia (5 o 6): molti neonati amano essere fasciati e avere alcune coperte fatte apposta per questo scopo può semplificarti la vita. Le fasce possono essere anche usate in momenti diversi dal sonno, come quando devi allattare.

Baby monitor: questo gadget viene fornito con un trasmettitore e almeno un ricevitore e ti consente di tenere d'occhio il tuo bambino mentre sei in un'altra stanza. Il trasmettitore deve essere abbastanza vicino alla culla del tuo bambino per poter cogliere i suoni (entro 3 metri), ma abbastanza lontano da far sì che non possa raggiungere il cavo. Ci sono parecchi modelli, quelli costosi hanno anche il video!

Luce notturna: è una piccola luce rilassante utilissima in una stanza buia e può tornare utile per il cambio del pannolino di mezzanotte, quando vuoi mantenere l'illuminazione quanto più fioca possibile così da non svegliare il bambino.

Diffusore di rumore bianco: molti bambini dormono meglio o si addormentano più facilmente con un rumore bianco che ronza sullo sfondo.

Articoli per l'allattamento al seno

Cuscini per l'allattamento: questi cuscini sono appositamente progettati per sostenere il tuo bambino mentre stai allattando o al seno o con il biberon e possono aiutarti a evitare di affaticare i muscoli delle spalle. Quelli per l'allattamento sono più convenienti rispetto ai normali cuscini e riescono a sostenere meglio il bambino.

Bavagli per il ruttino (da 6 a 12): fai in modo di avere alcuni panni leggeri (o fazzoletti di stoffa) per catturare il sudore e pulire gli altri liquidi del bambino.

Bavaglino (da 8 a 10): anche prima che il tuo bambino mangi cibi solidi, è utile avere un piccolo bavaglino per mantenere i suoi vestiti asciutti, soprattutto se è uno sbrodolone.

Crema alla lanolina: disponibile in molte farmacie, può alleviare i capezzoli irritati.

Reggiseno per l'allattamento (da 2 a 3): non accontentarti dei tuoi reggiseno normali. Il tuo seno è cambiato, quindi avrai bisogno di una vestibilità diversa per essere a tuo agio mentre allatti (e anche quando non lo fai). I reggiseno per l'allattamento sono sicuramente più comodi rispetto a quelli normali, perché possono essere messi e tolti facilmente e senza imbarazzo al momento della poppata.

Coppette assorbilatte: è normale che il tuo seno perda durante l'allattamento. Le coppette (usa e getta o riutilizzabili) ti aiuteranno a rimanere asciutta.

Pompette e tiralatte: potresti voler pompare il latte materno per nutrire il tuo bambino o alleviare possibili situazioni di *ingorgo* nelle ghiandole che producono il latte. I tiralatte possono essere semplici tiralatte a mano o elettrici, quest'ultima tipologia ti permette di pompare da entrambi i seni contemporaneamente. C'è anche un modello, piuttosto popolare, in cui è compreso uno zaino con un piccolo frigorifero per la conservazione.

Sacche per il latte materno: puoi pompare il latte direttamente in una bottiglia, ma molte donne usano sacchetti di plastica appositamente realizzati, che non occupano molto spazio nel congelatore e possono essere facilmente scongelati. Il numero di sacchetti di cui avrai bisogno dipende da quanto spesso prevedi di tirare il tuo latte. Inizia con una scatola e acquistane di più se ne avrai bisogno.

Copri-seno: se preferisci essere coperta mentre allatti fuori casa, allora cerca di acquistare un telo o una copertina che ti dia la privacy di cui hai bisogno. Alcune hanno anche la doppia funzione: copri-seno e copri-seggiolino.

Biberon

Bottiglie (da 6 a 12): i neonati di solito iniziano con bottigliette da 120 ml ma, man mano che il bambino crescerà, sicuramente te ne serviranno anche alcune da 250 ml. Probabilmente, avrai bisogno di tanti ciucci quante bottiglie.

Quando si tratta di quale tipo di biberon utilizzare, alcuni preferiscono bottiglie di vetro o acciaio inox per evitare possibili residui di sostanze chimiche, che è più facile trovare sulle bottiglie di plastica.

Se non stai allattando, hai molte opzioni in fatto di latte artificiale tra cui scegliere, magari fai qualche test per vedere quale tipologia piace più al bambino e poi fai scorta di formula abbastanza da resistere per alcune settimane.

Spazzole per biberon (2): queste sono utili per strofinare a fondo ogni angolo della bottiglia, dei ciucci e quant'altro.

Portabottiglie isolante: è possibile acquistare portabottiglie isolanti per una bottiglia o per mezza dozzina di bottiglie. Usane uno per mantenere i biberon e/o il latte materno al caldo o al fresco quando sei in giro.

Scola-bottiglie: un portabottiglie per l'asciugatura è utile per asciugare le varie stoviglie per il bambino, così come i ciucci e le tazzine.

Contenitori piccoli: sono utili per tenere sott'occhio i piccoli oggetti (come le parti più piccole della bottiglia).

Sterilizzatore per bottiglie: puoi immergere le bottiglie (e altre forniture) in acqua bollente per disinfettarle, ma alcuni genitori preferiscono avere uno sterilizzatore a vapore per pulire tutto in modo veloce ed efficiente. Alcuni sono elettrici e alcuni si mettono nel microonde.

Scalda biberon: puoi usare una ciotola piena di acqua calda per riscaldare bottiglie di latte o di formula, ma è più conveniente uno scalda biberon.

Pacchetti di gel caldi o freddi (da 3 a 4): si adattano all'interno del reggiseno e possono lenire il seno gonfio o dolorante. Quando hai bisogno di prendere il latte o la formula velocemente (magari mentre stai uscendo), infila gli impacchi freddi in un sacchetto isolante.

Articoli per neonati di almeno 4 mesi

Quando il tuo bambino è pronto per il cibo solido, tra i 4 e i 6 mesi di età, questi oggetti e attrezzature possono rendere la transizione più facile.

Seggiolone: puoi acquistare un seggiolone indipendente, un seggiolone che si aggancia a un bancone o un tavolo, o un seggiolone portatile o rinforzato. Un seggiolone a grandezza naturale con un vassoio è facile da pulire e le ruote ne facilitano lo spostamento. Cerca un modello con una tovaglia coprente che possa essere tolta e buttata in lavatrice dopo aver finito di mangiare (si sa, i bambini possono fare un bel pasticcio a volte).

Un altro utile consiglio è quello di acquistare ciotole per bambini con le ventose sul fondo: si attaccano al vassoio del seggiolone e non possono essere gettate facilmente a terra. Assicurati che siano infrangibili.

Cucchiai (da 3 a 5): un cucchiaio con la punta di gomma o di plastica è più morbido per le gengive del tuo bambino e abbastanza piccolo da stare comodamente in bocca.

Tazze (da 3 a 5): quelle dotate di coperchio e beccuccio non gocciolano quando vengono rovesciate e aiutano il bambino a bere facilmente. All'inizio, le tazze con i manici saranno più facili da gestire per tuo figlio. Se sei preoccupato per BPA, ftalati e altri prodotti chimici derivanti dalla plastica ci sono molte alternative, comprese le bottiglie d'acqua in metallo riutilizzabili.

Bavaglini (da 5 a 10): i bavaglini ad asciugatura rapida sono utilissimi durante i pasti, così come quelli con la tasca sul fondo per raccogliere il cibo che cade.

Tappetino: posizionane uno sotto il seggiolone per proteggere il pavimento e rendere più facile la pulizia.

Frullatore per bambini: questi piccoli mulinelli trasformano facilmente parte della tua cena nel pasto del tuo bambino in modo facile e veloce.

... e per il bagno

Vasca da bagno per bambini: il lavello della cucina all'inizio può essere utile per fare il bagno al tuo bambino, ma potresti volerti spostare in una vasca molto presto. Scegline una che sia robusta e ben fatta. Molte vasche da bagno per bambini sono progettate per il periodo neonatale, fino all'età di 1 anno.

Sapone e shampoo: cerca formule a prova di lacrime che siano più sicure da applicare sulla pelle e sugli occhi. Scegli marche che non indichino "fragranza" nell'INCI e se puoi evita gli ftalati (i produttori non sono obbligati a elencare gli ftalati in modo specifico, quindi sono spesso inclusi tacitamente alla voce fragranza).

Asciugamani da bagno per neonati (da 2 a 3): gli asciugamani da adulti sono spesso troppo grandi per essere usati su un bambino. Un asciugamano morbido e con cappuccio specifico per bambini lo avvolge e lo asciuga senza essere ingombrante.

Asciugamani (da 4 a 6): non sono decisamente mai abbastanza. Mettine uno sul fondo della vasca per impedirgli di scivolare o usane uno per pulirlo dopo aver mangiato. Se usi gli asciugamani anche per il cambio del pannolino, cerca di usare lo stesso colore in modo da poterli tenere separati.

Ciucci, giocattoli e giochi per bambini

Ciucci (da 3 a 5): alcuni bambini li adorano, altri no. I ciucci non sono assolutamente necessari, ma per alcuni genitori sono essenziali.

Seggiolino rimbalzante: questi seggiolini per bambini rimbalzano su e giù quando il tuo piccolo scalcia o si muove. È un posto comodo e sicuro dove far stare il tuo bambino (grazie alle cinghie) e molti amano il suo movimento. Assicurati di posizionare il seggiolino sul pavimento, non su un tavolo o un bancone, e non lasciare che ci dorma dentro e se si addormenta, spostalo nella sua culla il prima possibile.

Giocattoli: non c'è bisogno di troppi giocattoli, ma è bello avere alcuni sonagli, giocattoli musicali e orsetti morbidi.

Libri: i libri cartonati sono un ottimo modo per introdurre alla lettura il tuo bambino. Quelli lavabili o in vinile sono una buona scommessa.

Cellulare giocattolo: un cellulare dai colori vivaci può essere un divertimento per un neonato. Alcuni hanno anche la musica. Toglilo una volta che il bambino è seduto, in modo che non lo tiri a terra o si faccia male.

Altalena per bambini: un altro, intramontabile, gioco preferito dai bambini che amano stare in movimento: le altalene forniscono un movimento ritmico e stimolano l'immaginazione. Alcune sono elettriche, altre a batteria, alcune hanno oscillazioni verticali, mentre altre si muovono da un lato all'altro. La giusta oscillazione può essere molto utile quando hai bisogno di preparare un pasto o fare una pausa e il bambino deve stare tranquillo.

Tappetino da gioco (box/palestrina): si tratta di tappetini morbidi con giocattoli per bambini che penzolano dall'alto. I bambini che non si muovono ancora da soli possono sbizzarrirsi mentre cercano di toccare i vari giocattoli che si muovono. Alcune versioni sono dotate di luci e suoni.

Girelli: i girelli tengono i bambini al sicuro mentre afferrano e manipolano i vari giocattoli a essi attaccati. Alcuni bambini li amano, altri no, quindi fai fare un test al tuo prima di acquistarne uno. I girelli possono essere utilizzati dai 4 ai 12 mesi circa.

Conserva i vari giocattoli e i piccoli oggetti sempre in una scatola o in un contenitore, in questo modo essi saranno fuori dalla sua portata nei momenti di svista in cui non serve giocare; assicurati anche che il contenitore non abbia un coperchio, specialmente pesante o pericoloso, altrimenti rischi che quando non stai attenta si schiacci le dita o si faccia male! Con il tempo imparerai che le precauzioni con i neonati e i bambini piccoli non sono <u>mai</u> troppe!

Sicurezza

A tal proposito, non appena tuo figlio riuscirà a girarsi, strisciare o gattonare, dovrai essere consapevole dei più grandi pericoli domestici. Alcuni strumenti di sicurezza possono aiutare a proteggere il tuo bambino da molti pericoli comuni:

Cancelli di sicurezza: se hai le scale, investi in cancelli di sicurezza per la parte superiore e inferiore della scala. Puoi anche usare un cancello per bloccare le aree della casa che potrebbero essere pericolose, come il bagno o la cucina.

Coperture per le prese elettriche: i punti delle prese elettriche, per qualche ragione, sono un'attrazione irresistibile per gli esploratori curiosi. Tienili coperti.

Chiusure per armadi e cassetti: in commercio ve ne sono diversi tipi, inclusi quelli a torsione o a chiavistello. Per assicurarti che siano in grado di resistere ai (numerosi) tentativi di un bambino determinato ad aprirli, fai qualche test tirandoli con forza.

Serratura per gabinetto: i bambini possono annegare in appena 2 centimetri di acqua, quindi, tieni il tuo bambino e i suoi giocattoli fuori dal bagno con un lucchetto. Il lucchetto si allaccia sopra al sedile chiuso e per aprirlo è necessario premere un pulsante o sganciare un chiavistello.

Cinghie antiribaltamento e lacci da muro: questi impediranno al tuo bambino di tirare il televisore e i mobili e ribaltarseli addosso.

La cosa più importante che ho imparato nel corso degli anni è che non esiste il modo di essere una madre perfetta, tuttavia ne esistono milioni per esserne una brava.

Conclusioni

In questa guida abbiamo parlato di tutti i processi che intercorrono prima, durante e dopo la gravidanza, analizzando rischi e pericoli, ma anche dubbi, perplessità, curiosità, fatti sensazionali e, in ultima analisi, le bellezze di diventare mamma. Dal concepimento, alle linee guida sulla salute e l'alimentazione, i test consigliati, gli esami da fare, le varie dritte dei medici, fino ad arrivare alla descrizione passo dopo passo dei cambiamenti fetali durante la gestazione, riportando in dettaglio ogni informazione utile durante le diverse settimane.

Questo libro è un piccolo tesoro da custodire accanto al letto, da sfogliare la sera prima di andare a dormire o leggere sul divano mentre si gusta una tazza di tè. Sarà il tuo compagno fedele nei momenti di incertezza e ti darà la carica giusta per affrontare al meglio la giornata! Come sai, non esiste un modo giusto o perfetto di vivere la gravidanza, così come non esistono delle regole da seguire in modo ferreo per essere sicuri di diventare dei bravi genitori. Non è recitando una formula magica che si impara a prendersi cura del proprio figlio, e forse non lo sarà neppure la preparazione o mantenere la calma e la serenità, ma quel che è certo è che queste informazioni ti daranno una mano a sentirti pronta. In fondo, sono l'amore e la pazienza tutto ciò di cui avrai bisogno in questo lungo viaggio. Sfoglia queste pagine, immagina come sarà quando finalmente potrai tenere il tuo bambino tra le braccia e gustati questi momenti di attesa; condividi quanto più possibile con le persone che ti vogliono bene e sii pronta a chiedere aiuto in qualsiasi momento. Spesso le cose potranno sembrare dure, ma quante altre sfide la vita ci mette davanti?

Quante situazioni o esperienze danno del filo da torcere prima di rivelare la loro inimmaginabile gioia, la loro più grande soddisfazione? Essere madre è un po' questo: l'attesa, il desiderio, la curiosità, lo sconforto momentaneo dato dalle emozioni passeggere, l'amore infinito che si prova per il proprio figlio, la felicità nel sapere che si sta allargando la propria famiglia. E non temere: tutto passa, tutto finisce per sistemarsi, anche quando le cose sembrano essere difficili, complicate.

Per questo devi ricordarti che stai facendo tutto il possibile per dare alla vita che cresce dentro di te (o che sta per farlo) il mondo migliore in cui nascere. In fondo, tutti potranno dirti qualcosa, indicarti la via che secondo loro è la migliore o darti una serie di indicazioni su come comportarti... ma la verità è che la risposta giusta è già dentro di te: è lì che troverai tutto ciò di cui hai bisogno.

E quando lo terrai tra le braccia, allora saprai che è tutto vero, è tutto come immaginavi: sei qui, vivi il momento, fai tesoro di questa esperienza e ricordati che ora sarà tutto diverso, o meglio, sarà tutto migliore.

Se questo libro ti è piaciuto, ti invito a lasciare un like o un commento e scrivere una recensione. Mi aiuteresti a crescere come autrice e mi farebbe molto piacere.

Cristina Delcanto

Printed in Poland
by Amazon Fulfillment
Poland Sp. z o.o., Wrocław

12402540R00085